DISCOVER

CHINA

发现中国

Architectural Wonders

建筑奇迹

林德汤 编

北京出版集团
北京出版社

图书在版编目（CIP）数据

建筑奇迹 / 林德汤编. — 北京 ：北京出版社，2020.10
（发现中国）
ISBN 978-7-200-14845-9

Ⅰ. ①建… Ⅱ. ①林… Ⅲ. ①古建筑 — 介绍 — 中国 Ⅳ. ①K928.71

中国版本图书馆CIP数据核字(2019)第062060号

总 策 划：黄雯雯
策划编辑：杨薪誉
责任编辑：张亚娟
责任校对：刘孜慧
封面设计：王红卫　张琰
内文设计：魏建欣
责任印制：武绽蕾

发现中国
建筑奇迹
JIANZHU QIJI

林 德 汤 编
*
北 京 出 版 集 团
北 京 出 版 社 出 版
（北京北三环中路 6 号）
邮政编码：100120
网　　址：www.bph.com.cn
北京出版集团总发行
新 华 书 店 经 销
天津联城印刷有限公司印刷
*
710 毫米 ×1000 毫米　16 开本　14 印张　246 千字
2020 年 10 月第 1 版　2020 年 10 月第 1 次印刷

ISBN 978-7-200-14845-9
定价：78.00 元

前言

18世纪的德国哲学家弗里德里希·谢林在《艺术哲学》中写道:“建筑是凝固的音乐。”建筑历史学家梁思成先生也曾经指出：“差不多所有的建筑物，无论在水平方向上或垂直方向上，都有它的节奏和韵律。我们若是把它分析分析，就可以看到建筑的节奏、韵律有时候和音乐很相像。”

是的，建筑就像音乐一样，是美的。

建筑之美，不仅仅表现在它的外在形式上，透过建筑本身，我们还能领略到它的历史之美——它安静地矗立在天地之间，见证着时代的沧桑巨变，记录着人世间的繁华更迭。如果建筑会说话，它可能会给我们描述一幅河清海晏的盛世图景；可能会诉说一种满目疮痍的破碎山河之状；也可能会讲解一个扣人心弦的历史悬案；还可能会讲述一段耐人寻味的尘封往事……

中国建筑是中华文明的历史积淀，也是中国传统文化的实物载体。历朝历代留下来的建筑，从形制、色彩、规模、结构、部件等各个方面，都体现出独特的中国韵味——无论是磅礴大气的宫殿、灵动秀美的园林，还是神秘莫测的遗迹、巍然矗立的古塔，抑或是庄严肃穆的宗教建筑、各具特色的民居建筑、新颖时尚的现代建筑。它们或威严，或精致，或恢宏，或恬静，安然地坐落在那里。那一砖一瓦的堆叠、一梁一柱的配合、一门一窗的呼应，乃至亭台廊榭的交相辉映、山石水池的穿插布局，无不浸润着中华民族的智慧创想和审美情操。

中国的古代建筑令人叹为观止、宏大的规模、严谨的布局、巧妙的结构、优美的轮廓、飞翘的檐角，无不让世人慨叹古代匠人的别出心裁、巧夺天工。中国的近现代建筑更是堪称奇迹，融合中西方建筑风格的教堂和现代感十足的都市建筑，早已成为各地的城市名片，吸引了全世界游客的目光。

本书介绍了中国大地上最让人震撼、最令人向往的建筑奇迹，以精美的图文为读者奉上一场赏心悦目的建筑盛宴。在这里，你可以了解皇家宫苑、探秘各地园林、欣赏特色民居、认识地标建筑。嗅着书香，穿梭在图片和文字之间，去聆听建筑奇迹的古老心声，去触摸历史遗迹的斑驳痕迹，去感受寺庙道观的神圣，去领略祖国各地的风土人情。

目录

第二章
王陵古迹
057

第三章
古塔楼阁
095

第四章
古刹道观
135

第一章

宫殿园林

在建筑布局上，宫殿讲究中轴对称的均衡之美，而园林则追求错落有致的自然之美。

01

北京故宫

坐标： 北京市东城区

别名： 紫禁城

年代： 明永乐四年（1406年）开始建设，永乐十八年（1420年）建成

荣誉： 国家AAAAA级旅游景区，全国重点文物保护单位，世界文化遗产，世界五大宫之首

景观： 故宫四门、三大殿、乾清宫、养心殿、皇极殿

“皇家气派余惊叹，文物古迹旷世鲜。”北京故宫是中国明清两代的皇家宫殿，先后有24位皇帝在这里居住。帝王之家，规模庞大，其恢宏的建筑艺术成就举世闻名，令世人惊叹。

◎从“紫禁城”到“故宫博物院”

北京故宫，旧称紫禁城。古人把天上的主要星宫——紫微垣想象为天帝的居所，称为“紫宫”，而自称“天帝之子”的封建帝王便把自己居住的皇宫称为“人间的紫宫”；再加上皇宫壁垒森严，是为禁地，所以，北京故宫便有了“紫禁城”的称谓。

如今的北京故宫早已不是当年的皇城禁地了。早在1925年，北京故宫就已被开辟为“故宫博物院”，成为展示宫廷建筑群、古代艺术品以及宫廷文化史迹的大型博物馆。

俯瞰北京故宫，它是一座长方形城池，南北长961米，东西宽753米，城外有宽52米的护城河。传说北京故宫一共有9999间半房子，实际上，故宫共有大小院落90

多座、房屋980座，共计9000多间。当然，这里的“间”并不是我们现在所说的“房间”，而是指4根房柱所形成的空间。

北京故宫共有4座宫门：南为午门，北为神武门，东为东华门，西为西华门。其中，午门是故宫的正门，也是整个故宫等级最高、最壮观的一座城门，因其城楼居南侧而向阳，故名“午门”。午门的平面呈“凹”字形，双阙呈拱卫状，这是唐宋以来皇宫正门形制的延续，也是中国古代大门中最高等级的形式。整座午门的门楼面阔九间、进深五间，代表着皇帝的九五之尊。重檐庑殿顶上覆盖着黄色琉璃瓦，彰显着皇家的庄严和富丽堂皇。

北京故宫的建筑群体现了中国建筑形式的多样性和等级性，

1
2 | 3

1. 故宫护城河
2. 故宫彩塑九龙壁
3. 故宫屋脊上的神兽

故宫博物院壮丽全景

仅屋顶就有重檐庑殿顶、重檐歇山顶、单檐庑殿顶、单檐歇山顶、卷棚顶、攒尖顶等十几种形式。屋顶多铺有象征不同级别的各色琉璃瓦，并装饰有象征吉祥和威严的正吻和脊兽，造型优美、别具一格。

◎ “前朝后市，左祖右社”的布局

北京故宫的建筑布局十分工整，严格按照《周礼·考工记》中“前朝后市，左祖右社”的帝都营建原则建造，分为前朝和后庭两大部分。

南部的前朝以太和殿、中和殿、保和殿三大殿为主体，东西两翼分别为文华殿建筑群和武英殿建筑群。这里是举行盛大朝会、体现帝尊国威的地方，所以这里的宫殿高大辉煌，庭院明朗开阔，象征着封建皇权的至高无上。其中，太和殿俗称“金銮殿”，是中国现存的最大的木结构大殿，明清两朝的 24 位皇帝曾经在这里举行过盛大典礼，如皇帝登基、皇帝大婚、重大节日接受文武官员的朝贺等。

北部的后庭是以乾清宫、交泰殿、坤宁宫为中心，以东西六宫、慈宁宫等为两翼的建筑群。后庭是皇帝居住、处理日常政务的地方，因此在建筑风格上与前朝的雄伟壮丽不同，这里的建筑多深邃、紧凑，更富有生活气息。

02

圆明园

坐标：北京市海淀区

别名：圆明三园、夏宫

年代：始建于清康熙四十八年（1709 年）

荣誉：国家 AAAAA 级旅游景区，北京市国防教育基地，“万园之园”

景观：九州景区、西洋楼景区

圆明园坐落在北京海淀区，曾以其宏大的地域规模、杰出的营造技艺、精美的建筑景群闻名于世，被誉为“一切造园艺术的典范”。法国作家雨果在《就英法联军远征中国给巴特勒上尉的信》中称赞它是“理想与艺术的典范”。

◎ 皇家园林的前世今生

圆明园是一座清代皇家园林，汇聚了中国古代造园艺术的精华，集当时江南主要名园的景貌特点和东西方多种建筑风格于一体，有“万园之园”的美誉。

圆明园最初是康熙皇帝给皇四子胤禛的赐园，康熙皇帝御书三字匾牌，就悬挂在圆明园殿的门上方。对“圆明”二字，雍正皇帝这样解释：圆而入神，君子之时中也；明而普照，达人之睿智也。可以说，这两个字是封建统治阶级衡量明君贤相的理想标准。

雍正皇帝即位后，扩建原赐园，以便夏季在此“避喧听政”，圆明园的格局基本确定。当时，圆明园内既有雄伟庄严的宫殿，也有轻巧幽美的楼阁廊桥，还有假山、

湖泊和蜿蜒的河流点缀其中，风景美不胜收。后来的乾隆皇帝、嘉庆皇帝乃至道光皇帝都曾经对圆明园进行局部增建、改建和修葺，使这座举世称奇的皇家园林愈加美轮美奂。

咸丰皇帝和光绪皇帝统治时期，英法联军和八国联军相继洗劫、火烧了圆明园，一座凝聚着中国人民血汗和智慧的举世名园变成了一片废墟。

及至中华人民共和国成立以后，圆明园中的部分景点得以修葺和复建，盛时圆明园中最为核心的九州景区和福海景区也得到了整修，并陆续对社会开放。

◎ 包罗万象的圆明园建筑

圆明园的建筑品类包罗万象，包括殿堂、楼阁、亭台、轩榭、馆斋、廊庑、桥闸、寺庙、道观、村居、街市等各种建筑样式。据史料记载，其盛时的建筑样式几乎囊

1. 大水法遗址
2. 圆亭
3. 清代浮雕碑

括了中国古代建筑一切平面布局和造型式样：既有朴素的单檐卷棚灰筒瓦屋面，也有奢华的宫殿式重檐琉璃彩瓦覆顶；既有一进两厢、二进四厢的规整院落，也有灵活多变的建筑组群。据统计，圆明园的建筑平面布局共有38种之多，除了比较常见的矩形、方形、圆形、“工”字形、“凹”字形、“凸”字形、六角形、八角形外，还有眉月形、书卷形、“十”字形、“田”字形、曲尺形、梅花形、三角形、扇面形、套环、方胜等，可谓应有尽有。

在园林布局上，各处景观因景随势、各具风格；园中景致环环相扣、层层进深，体现了自然和谐的整体美。法国传教士王致诚曾这样描述：“圆明园的建筑，形式变化较多，而且参差不齐，不落窠臼。它的每一座小的宫殿，都仿佛是按照奇特的模型制成的，像是随意安排的，没有一座与其他一座雷同。一切都如此饶有兴趣，人们不能在一览之下，就领略这幅景色，必须一点一点地仔细研究它。”可见，圆明园地域规模宏大、营造技艺杰出、建筑景群精美，堪称“一切造园艺术的典范”。

颐和园

坐标：北京市海淀区

别名：清漪园、夏宫

年代：始建于清乾隆十五年（1750 年）

荣誉：国家 AAAAA 级旅游景区，中国现存最大的皇家园林，全国重点文物保护单位，中国四大名园之一，“皇家园林博物馆”

景观：万寿山、昆明湖、十七孔桥

颐和园与圆明园毗邻，它是以昆明湖、万寿山为基址，以杭州西湖为蓝本，汲取江南众多园林的设计手法而建成的一座大型山水园林，也是目前保存最完整的一座皇家行宫御苑。

◎ 历尽沧桑的颐和园

早在金代，北京的西郊一带是帝王游猎的天然园囿。到了明代中叶，这里的私家园林日益增多，并渐具规模。清乾隆十五年（1750 年），乾隆皇帝为了给母亲庆寿，下令将西郊的昆明湖挖成寿桃形状，寓意向母亲献寿，又把瓮山更名为“万寿山”，并以这一山一湖为基址，将附近的几座皇家园林整合为一座山水融合的自然山水园——清漪园，它就是颐和园的前身。

清咸丰十年（1860 年），英法联军焚毁了清漪园。到了光绪年间，慈禧太后挪用海军军费重修园林，并改名为颐和园，取“颐养精神、心情平和”之意。可惜好景不长，清光绪二十六年（1900 年），颐和园遭八国联军破坏，园内建筑惨遭摧毁，

珍宝藏品被劫掠一空。后来，慈禧太后又下令重建颐和园，却因国库空虚，只恢复了万寿山的部分景观。

中华人民共和国成立以后，中央人民政府多次组织修缮颐和园，陆续复建了四大部洲、苏州街、景明楼、澹宁堂、文昌院、耕织图等重要景区，颐和园这才又重新恢复了往日的风采。

1. 苏州街雪景
2. 佛香阁
3. 晚春石舫

◎ 集中国园林建造艺术特色于一身

颐和园的水域面积达 3/4，主景区由万寿山、昆明湖组成。园内的景观和建筑集南北造园艺术之大成，同时又体现了中国园林“虽由人作，宛自天开”的艺术特色。

十七孔桥

颐和园的设计充分借鉴了江南胜景的造园思想和营建技艺，其总体布局以杭州西湖为蓝本，园中的各处景点大量模仿了江南园林的建筑风格，如西堤仿建苏堤、景明楼仿建岳阳楼、望蟾阁仿建黄鹤楼、凤凰墩仿建无锡黄埠墩、惠山园（谐趣园）仿建无锡寄畅园等。

颐和园的建筑群组形式多样、特色鲜明，既有殿堂厅室，又有亭台楼阁；既有廊馆轩榭，又有塔坊桥关；既有木质结构，又有石砌建筑；既有铜铸技艺，又有琉璃镶嵌手法。园区内的山、水、建筑、道路、花木穿插有致、布局协调，虽为人工建造，却极富诗情画意的自然美感，堪称我国古典园林的典范。同时，颐和园采用的大尺度、大体量设计，以及琉璃瓦、金碧彩画点缀等高等级的造园技艺，又是普通私家园林所无法比拟的。

◎ 风情万种的苏州街

颐和园的后湖两岸有一条苏州街，也叫“买卖街”，是一条仿江南水镇而建的水街，原型为苏州第一街——七里山塘，苏州街之名也因此而来。

苏州街专供清代帝后逛市游览、体验市井之乐。在清漪园时期，苏州街两岸曾建有玉器古玩店、绸缎店、点心铺、茶楼、金银首饰楼等各种店铺，而店铺中的掌柜和小二则都是由太监、宫女装扮的，只在皇帝游幸时才营业。

清咸丰十年（1860 年），后湖岸边的数十处店铺被列强焚毁。现在的苏州街是 1986 年重修的，大体上恢复了当年的景观原貌。

04

恭王府

坐标：北京市西城区

别名：无

年代：始建于清朝乾隆年间

荣誉：全国重点文物保护单位，国家一级博物馆，国家 AAAAA 级旅游景区

景观：银安殿、嘉乐堂、福字碑

“一座恭王府，半部清代史。”作为清代规模最大的一座王府，恭王府先前曾做过和珅、永璘的宅邸。可以说，这座带有花园的府邸，见证了清王朝从鼎盛到衰亡的历史进程。

◎ 畅游恭王府

恭王府始建于清朝乾隆年间，初为大学士和珅的私邸。同治初年，入住这里的第三代主人——恭亲王奕䜣对这座府邸进行了大规模的修缮与改建，恭王府的名称也因此而来。

恭王府规模宏大，占地约 6 万平方米，分为府邸和花园两部分，建有各式建筑群落 30 多处，布局讲究，气派非凡。

整座府邸坐北朝南，建筑分东、中、西三路，每路都是由南向北、以严格的中轴线贯穿着的多进四合院落组成。中路最主要的建筑是银安殿和嘉乐堂，殿堂屋顶采用绿琉璃瓦，显示了中路的威严气派，同时也是亲王身份的体现。东路的前院正房名为多福轩，院内有一架长了200多年的藤萝，郁郁葱葱，在京城极为罕见。东路的后进院落正房名为乐道堂，是当年恭亲王奕䜣的起居处。西路的四合院落较为小巧精致，主体建筑为葆光室和锡晋斋。

在恭王府府邸与花园的交界处，有一座气势宏大的二层建筑横贯东西，称为“后罩楼”。后罩楼长逾183米，内有房屋111间，按照中国传统哲学中“满则亏”的说法，俗称为“99间半”。后罩楼的中路西边开有府邸通往后花园的门。在后罩楼的西端，有一座室内花园，里面建有流泉、假山、亭阁，这是京城王府中唯一的古代室内水法楼遗存。

恭王府花园又名萃锦园，这里花草铺地、树木成荫、亭台掩映、道廊相通，曾为京师100多座王府之冠，有“人间神仙府，什刹海的明珠”的美誉。

1. 院内绿瓦红墙
2. 恭王府内特色的装饰细节
3. 后花园春季美景

◎ 别具一格的设计装修

恭王府是在和珅邸宅的基础上改建而成的，和珅倒台时，在他的“二十大罪状”中就有关于内檐装修“僭侈逾制”的问题。由这一角度可以看出，恭王府在设计装修上十分讲究。

首先，规格极高，可与宫殿建筑媲美。恭王府中的部分厅堂内檐装修采用了多宝槅形式，部分神殿带毗卢帽的祭灶等装修也与宫廷建筑制式相同。尤其是将室内假山水池装修成室内小园林的样式，可谓别出心裁。

其次，数量较多，形式多样。从样式图中可以发现，恭王府有内檐装修的建筑多达20余处，而且具有多种类型，如太师壁、宝座床、碧纱橱、祭灶、“卍”字炕、几腿罩、落地罩、炕罩、真假门、仙楼、书阁、多宝槅、顺山炕、前后檐炕等。

再次，界划灵活，空间丰富。恭王府内各厅堂的空间划分按照使用功能设计，格局多样，其主要厅堂既有肃穆、庄严的开敞式大空间，又有雅静、安逸的私密性小空间；有的空间呈对称式设计，有的呈错落式设计，还有的可以自由组合。这些精心设计

的空间有的专门用于萨满教的祭祀活动，有的用于起居生活和接待不同等级的宾客，满足了不同的空间需求。

最后，做工精细，技巧高超。从恭王府的装修遗留物件可知，恭王府中的建筑全部使用硬木，用材十分讲究。这种硬木可以做出细小的截面，雕刻出的花纹起伏精确、棱角分明，施工难度非常大，但整体效果令人叹为观止。遗憾的是，恭王府的原有内檐装修大多都没有保存下来。我们只能结合史料和王府博物馆的展出品说明来想象恭王府当年的辉煌。

◎ 银安殿

银安殿俗称银銮殿，是恭王府最主要的建筑。作为王府的正殿，它只有逢重大事件、重要节日时方打开，起到礼仪的作用。

银安殿东西有配楼，各广九间，覆灰瓦。历史上，只有裕亲王府（今已不存）如此，其他王府最多面阔七间。银安殿檐角上的垂脊兽为七个，正脊两端用螭吻。整个建筑恢宏大气、庄严肃穆。

遗憾的是，民国初年，由于不慎失火，大殿连同东西配殿一并被焚毁，现在我们看到的银安殿院落是后来复建的。

05

天坛公园

坐标：北京市东城区

别名：无

年代：始建于明永乐十八年（1420年）

荣誉：世界文化遗产，全国重点文物保护单位，国家AAAAA级旅游景区，全国文明风景旅游区示范点，中国现存最大的祭坛建筑群

景观：圜丘、皇穹宇、祈年殿、回音壁

天坛是明清两代皇帝祭天和祈祷五谷丰收的场所。作为中国现存最大的祭坛建筑群，天坛以其严谨的建筑布局、奇特的建筑构造和瑰丽的建筑装饰闻名于世。

◎“天圆地方”的天坛

据史料记载，我国有正式祭祀天地的活动，可追溯到公元前2000年的夏朝。中国历代帝王对天地非常崇敬，大多设坛祭祀。

天坛是明永乐十八年（1420年）仿南京大祀坛形制建的天地坛，合祭皇天后土，当时是在大祀殿行祭典。后来，嘉靖皇帝改为天地分祭，在大祀殿南建圜丘祭天，在北城安定门外另建方泽坛祭地。明嘉靖十三年（1534年），圜丘改名天坛，方泽坛改名地坛，大祀殿废弃后改称祈谷坛。

天坛占地面积约270万平方米。俯瞰天坛，整个坛域呈北圆南方的形状，寓意“天圆地方”。天坛的建筑布局整体上呈“回”字形，有两重坛墙，分隔成内坛和外坛。其中外坛的坛墙周长6553米，原本只在西侧的墙上辟有祈谷坛门和圜丘坛门，两门

晚霞中的祈年殿

均为三间拱券式，绿琉璃筒瓦歇山式顶。中华人民共和国成立后，将天坛辟为天坛公园，陆续新建了东门和北门，并把内坛南面的昭亨门改为南门。

◎ 天坛的主要建筑——祈年殿

明嘉靖十七年（1538 年），祈谷坛被废，后在坛上另建大享殿，到清乾隆时期改称祈年殿。

祈年殿是一座有镏金宝顶的三重檐攒尖顶圆殿，采用了上屋下坛的构造形式，其建造制式为清代建筑规定的最高制式等级。大殿顶中央的藻井刻满了贴金的龙、凤、云的纹样，大殿的额枋等也用青绿和玺大点金彩绘，显得富丽堂皇。

殿内由 28 根金丝楠木大柱支撑着整个殿顶的重量，中央的 4 根镏金通天柱也叫“龙井柱”，代表一年中的春夏秋冬四季；龙井柱外圈的 12 根金柱寓意一年中的 12 个月，最外圈的 12 根檐柱代表一天中的 12 个时辰，两圈合计 24 根柱子代表一年中的二十四节气；殿内所有的 28 根柱子则象征天上的二十八星宿；再加大殿宝顶藻井周围

1. 回音壁
2. 圜丘坛
3. 祈年殿藻井

的 8 根童柱，共计 36 根，象征三十六天罡。宝顶中心还有一根雷公柱，象征着天帝的“一统天下”。

◎ 奇妙的回音壁和圜心回音石

天坛中最有名的一处建筑是回音壁。回音壁是皇穹宇院落周围的圆形围墙，采用磨砖对缝砌成，墙面平整光洁，弧度十分规则。当两人分别站在东西配殿的后面靠近墙壁轻声讲话时，声音就会沿着墙壁的内弧传播。如果把耳朵贴近墙面，无论多小的声音都可以清晰地听见，给人一种“天人感应”的神秘错觉。这其实是墙壁内弧十分光滑，可形成声波折射的缘故。

圜丘坛上层中心有一块圆心石，人站在圆心石上轻声说话时，声音非常洪亮。因此每当皇帝在这里祭天，其洪亮的声音就如同上天神谕一般，显得庄严而神秘。其实，这也是一种声学现象：由于坛面十分光洁平滑，声波传到周围等距离的石栏围板后，能够迅速地被反射回来与原声汇合，所以音量加倍，听起来格外响亮。

06

承德避暑山庄

坐标： 河北省承德市

别名： 承德离宫、热河行宫

年代： 始建于清康熙四十二年（1703 年）

荣誉： 世界文化遗产，国家 AAAAA 级旅游景区，全国重点文物保护单位，中国三大古建筑群之一，中国四大名园之一

景观： 松鹤斋、万壑松风殿、普宁寺

承德避暑山庄是清代帝王避暑消夏的离宫别苑。在这里，既能领略帝王之家的恢宏大气，又可以感受江南园林的娴静雅致，它充分体现了康熙皇帝“溶南化北于一处，移天缩地在襟怀”的造园思想。

◎ 中国自然地貌版图的缩影

承德避暑山庄东南多水、西北多山，正是中国自然地貌版图的缩影。

位于山庄南部的宫殿区共有九进院落，分为“前朝”“后寝”两大部分，是清帝理朝听政、举行庆典和生活起居的地方。其主体建筑正宫已辟为博物馆，里面陈列着清代遗留下来的宫廷文物 2 万余件。

湖泊区位于宫殿区的北面，整个湖泊面积约 43 公顷，湖泊中的 8 个小岛屿将湖面分割成大小不同的区域，岛屿错落有致，颇有江南鱼米之乡的意境。湖泊区的东北角有清泉，即著名的热河泉。

平原区地处湖泊区北面的山脚下，分为西部草原和东部林地两部分。西部草原平坦辽阔、绿草如茵，一派蒙古草原的秀美风光，是清帝举行赛马活动的场地。东部林地叫作万树园，园内有不同规格的蒙古包 28 座，其中最大的一座是皇帝的临时宫殿，乾隆皇帝当年经常在此召见少数民族的王公贵族、宗教领袖和外国使节。

山峦区位于山庄的西北部，面积约占全园的 4/5，这里山峦起伏、沟壑纵横，在山间点缀着众多楼堂殿阁、寺庙院落。

◎ 山庄胜景

作为中国三大古建筑群之一，承德避暑山庄最大的特色是山中有园、园中有山，山庄中有大小建筑 120 多组，其中康熙皇帝以四字组成 36 景，乾隆皇帝以三字组成 36 景，合起来就是著名的承德避暑山庄 72 景。

承德避暑山庄的建筑融南北建筑艺术精华于一体，既模仿南方园林的风格、结构，又沿袭北方的造园手法。山庄内的建筑规模普遍不大，殿宇和围墙多采用青砖灰瓦、原木本色，体现出淡雅庄重、简朴适度的特点，与北京故宫黄瓦红墙、描金彩绘的富丽堂皇形成鲜明的对比。

宫殿区的建筑布局严谨，其主体建筑居中，附属建筑分列两侧，呈现出均衡对称的美感。整体建筑风格朴素淡雅，却又不失帝王宫殿

承德避暑山庄的夏日景色

晨光中的金山塔

的庄严稳重，彰显出皇家园林的气派。

湖泊区的建筑采用了传统的山环水、水绕岛的造园手法，并在洲岛、堤岸和水面上营建多组建筑，意蕴丰富。例如，“如意洲”上的假山、殿堂、凉亭、庙宇等建筑错落有致、相互呼应，极具美感。由一座精致的四合院和几座亭、堂组成的“月色江声”则十分有韵味。每当夜幕降临、月出东山，皎洁的月光洒落在平静的湖面上和静谧的院落里，呈现出一派典雅清幽的意境。此外，湖泊区的建筑大多仿照江南的名胜来建造，比如，“烟雨楼”是模仿浙江嘉兴南湖烟雨楼修建的，“金山岛”的布局则源自江苏镇江的金山。

在承德避暑山庄的周围，散落着宏伟壮观的寺庙群，这些皇家寺庙以汉式宫殿建筑为基调，充分借鉴了蒙古族、藏族、维吾尔族等民族建筑的艺术特征，体现出多样统一的寺庙建筑风格。承德避暑山庄也正因为寺庙集中、规模宏大、建筑精湛，再加上寺庙中大量精美的佛像、祭器，而成为藏传佛教的圣地之一。

07

拙政园

坐标：江苏省苏州市

别名：归园田居、忠王府、补园

年代：始建于明正德初年（16 世纪初）

荣誉：国家 AAAAA 级旅游景区，全国重点文物保护单位，世界文化遗产，中国四大名园之一

景观：远香堂、见山楼、听雨轩、小沧浪

拙政园中山水萦绕，庭院错落，水色迷茫，楼台掩映，具有浓郁的江南水乡特色。园中的竹篱、茅亭、草堂等与自然山水融为一体，简朴素雅，呈现出一派自然风光。

◎ “拙政园”的名称更迭

拙政园始建于明正德初年（16 世纪初），是江南古典园林的代表作品，也是苏州现存最大的古典园林。

拙政园最初为唐代诗人陆龟蒙的住宅，元朝时为大弘寺。到了明正德年间，御史王献臣仕途失意归隐苏州后将其买下，想要扩建为一座私家园林。王献臣聘请书画大家文徵明参与设计，历时 16 年建成，取名“拙政”。之所以将其命名为“拙政”，是因西晋潘岳《闲居赋》中说：“于是览止足之分，庶浮云之志，筑室种树，逍遥自得。池沼足以渔钓，舂税足以代耕。灌园鬻蔬，以供朝夕之膳；牧羊酤酪，以俟伏腊之费。孝乎惟孝，友于兄弟，此亦拙者之为政也。”取“拙政”二字，有朴实之人在自家

枇杷园月亮门

石塔及其水中倒影

花园为政的含义。

拙政园建成后不久，王献臣去世，他的儿子在一夜豪赌中，把拙政园输给了徐氏。此后，拙政园屡次易主，或为私园，或为官府，或散为民居，园名也经多次更改，如“归园田居”“忠王府”“补园”“时疫医院”“戒烟所”“区公所”“苏南苏州行政区专员公署”等。直至 1951 年 11 月，拙政园划归苏南区文物管理委员会管理，文管部门聘请专家名匠对拙政园进行规划整治，按原样修复园区内的景观建筑并恢复“拙政园”园名。1952 年 11 月 6 日，经过整修的拙政园中部和西部正式向公众开放，成为人们休闲游玩的公园。

园内的木桥

◎ 每一步都是风景

拙政园全园分为东、中、西花园和住宅四个部分。其中东花园开阔疏朗，中花园是全园的主景区，西花园则以建筑精巧美观而著称，三个相对独立的小园各具特色；而园南的住宅则是典型的苏州民居，采用江南地区传统民居多进的格局，现已辟为苏州园林博物馆。

东花园以远山平冈、竹林池水为主，配以小亭轩榭，展现出疏朗明快的风格。其主要建筑有兰雪堂、天泉亭、芙蓉榭、缀云峰等。

中花园是拙政园的主景区，也是全园精华所在。其总体布局以池水为中心，楼台亭榭全都依水而建，不但具有浓郁的江南水乡特色，同时也体现了明代园林质朴、浑厚、疏朗的艺术风格。水池南岸的远香堂是中花园的主体建筑，为单檐歇山顶的四面厅，面阔三间，四周围以透明玻璃落地窗，周遭景物尽收眼底，美不胜收。此外，中花园还有倚玉轩、小飞虹、玉兰堂、见山楼等著名景观。

西花园原为“补园”，布局紧凑，其主要建筑为靠近住宅一侧的三十六鸳鸯馆，这里是当时园主人宴请宾客和听曲的场所。三十六鸳鸯馆的水池呈曲尺形，台馆分峙，别有情趣。西花园的其他建筑还有与谁同坐轩、留听阁、宜两亭、倒影楼、水廊等，都设计精巧、各具特色。

08

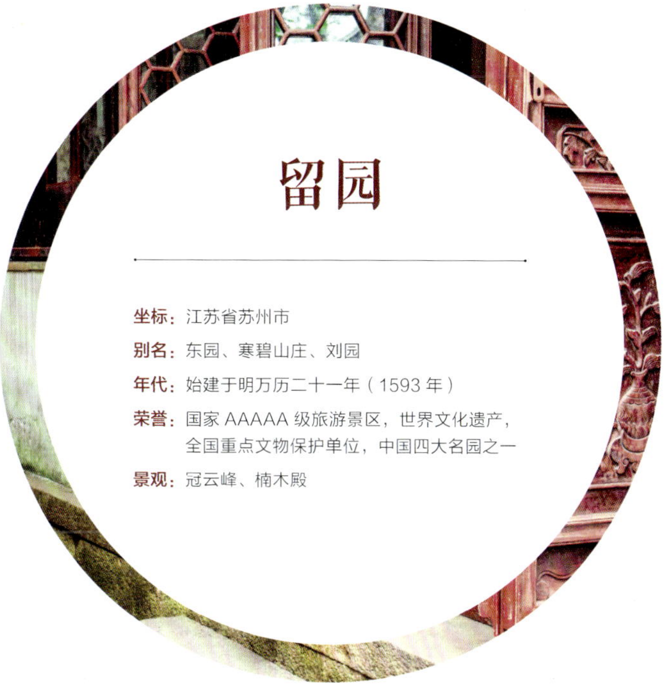

留园

坐标： 江苏省苏州市

别名： 东园、寒碧山庄、刘园

年代： 始建于明万历二十一年（1593 年）

荣誉： 国家 AAAAA 级旅游景区，世界文化遗产，全国重点文物保护单位，中国四大名园之一

景观： 冠云峰、楠木殿

被清代著名学者俞樾誉为“吴下名园之冠”的留园，以园内建筑布置精巧、奇石众多而闻名于世，与苏州拙政园、北京颐和园、承德避暑山庄并称“中国四大名园”。

◎ “吴下名园之冠”

留园始建于明万历二十一年（1593 年），最初为明代太仆寺少卿徐泰时的私家园林，当时名为“东园”。徐泰时对建筑颇有造诣，他亲自设计建造的东园“虽由人作，宛自天开”，如同一幅巨大的写意山水图。

徐泰时去世后，东园逐渐荒废，直到清乾隆五十九年（1794 年），著名书画家刘恕成为它的新主人。刘恕在东园故址的基础上进行修葺整治，并移栽了很多竹子，因园内竹色翠绿清寒，故改园名为“寒碧山庄”，俗称“刘园”。到了清同治十二年（1873 年），常州盛康买下寒碧山庄后进行修缮，使得园内“嘉树荣而佳卉茁，奇石显而清流通，凉台燠馆，风亭月榭，高高下下，迤逦相属”，比初建时更加秀丽。后来，

园内盆景

盛康效仿随园的先例，取“刘园”谐音，改名为“留园”。盛康去世后，他的儿子盛宣怀精心打理园内景观，使留园的声名逐渐显赫，成为吴中著名园林，俞樾称留园为“吴下名园之冠”。

20 世纪 30 年代以后，留园逐渐荒废。1953 年，苏州市人民政府组织学识渊博的园林专家和技艺高超的古建工人修复留园，使得一代名园重现昔日光彩，并向公众开放。

◎ 巧妙的建筑空间处理手法

留园具有典型的清代园林风格。整个留园以水池为中心，东部是庭院建筑，中部以山水见长，西部为山林野趣，北部为田园风光。各种景观巧妙穿插、山石楼台相互掩映，使人能够在一个园林中同时领略到山水、田园、山林、庭院4种不同的景致。

全园分为东、中、西、北4个景区，各景区之间以墙相隔、以廊贯通，又以空窗、漏窗、洞门使两边景色相互渗透，形成隔而不绝的通透效果。据统计，园内蜿蜒曲折的长廊累计逾670米，漏窗200余孔。

一进大门，就能感受到留园建筑艺术的不同凡响：通过狭窄的入口，第一眼看到的就是两道高墙之间那条50多米长的曲折通道。建造者充分运用了空间大小、方向、明暗的变化，将这条单调的通道处理得充满意趣。通道的尽头是隐约掩映的漏窗、洞门，园区中的湖光山色若隐若现。绕过门窗，眼前豁然开朗，秀美景色一览无余。留园中的通道都实现了这种环环相扣、引人入胜的空间设计，使人体会到空间景致不断错落变化的韵律美感。

◎留园“三宝”

游览过留园的游客都知道，留园有“三宝”，分别是冠云峰、《雨过天晴图》（一说为楠木殿）和鱼化石。

冠云峰其实是一块太湖石，高6.5米，以瘦、皱见长。石身纹理纵横、形态奇伟，峰顶似雄鹰飞扑，峰底若灵龟仰首。因其兼具了太湖石“漏、透、瘦、皱”的特点，被公认为是太湖石里的绝品。据说，这块奇石是北宋末年花石纲的遗物。

《雨过天晴图》是一块大理石天然画，石面基本呈圆形，直径约为1米，厚度却仅有15毫米。石面中间部分的纹理似群山环抱，下部纹理若流水飞瀑，上部则像流云袅娜，流云中有一个圆形的白斑，就像一轮太阳或者一轮明月悬挂在中天。整个石面俨然一幅自然形成的山水画卷，令人称奇。据史书记载，这块奇石出产于云南点苍山，但这奇石是如何从远在千里之外的云南毫发无损地运到江南苏州的，至今仍是一个谜。

鱼化石是嵌在留园冠云楼一楼北墙上的一大块灰黑色石头。据专家考证，这块石头是火山灰沉积于湖泊后形成的，为侏罗纪鱼化石，是地球历史的见证者。这块薄片状的鱼化石像云母一样层层剥开，上面有 20 多条栩栩如生的小鱼，鱼骨皆清晰可辨。

1 | 2　1. 石桥风光
2. 园内六角飞檐亭

09

常家庄园

坐标：山西省晋中市

别名：常家大院

年代：建于清乾隆年间（1736—1795 年）

荣誉：国家 AAAA 级旅游景区

景观：祠堂、静园、贵和堂、石芸轩

榆次东阳镇车辋村的常氏家族被誉为“儒商世家”，其宅院建筑群“常家庄园”是规模最大的晋商大院，也是中国最大的庄园式建筑群，所以当地有谚称：“乔家一个院，常家两条街。”

◎ 方正规矩的北方风格庭院

山西榆次常氏家族，以“财取天下”之抱负，气概豪迈，万里驰骋，开创中欧茶叶贸易漫漫长路，遂成富甲海内之晋商巨贾。经过 200 多年的修筑，常氏家族在车辋村整整建起了南北、东西两条大街。街两侧深宅大院鳞次栉比，亭台楼阁相映成趣。

常家庄园占地面积 6 万多平方米，有楼房 40 余幢、房屋 1500 余间，将原先的 4 个自然村连成了一片。

从布局上看，常家庄园的建筑风格以庄重方正的北方风格庭院为主体，每个正院都可分为内外两进，外院南房倒座全都临街，东侧辟有各式门楼。前院有东、西厢房各 5 间，正北则又有 1 座倒座南房，正中设垂花门。里院呈长方形，庭院宽敞方正，

1
2 | 3

1. 精美木雕
2. 观稼阁
3. 精致的砖雕

上房与南房相对称，东西各有厢房 10 间、9 间、8 间不等。如上房、南房各达 8 间时，便按正五偏三的模式隔出偏院，从不越“方正”之规、“等级”之矩，充分显示出了名门望族的风范。

◎ 灵秀绮丽的附属建筑

常家庄园的正院显示出方正雄伟的北方特色，其附属建筑却又透露出南国园林建筑的灵秀绮丽气质。主要表现在以下三个方面：

一是每个方正院落的里院都建有外形小巧玲珑的牌楼。牌楼大多为木结构，飞檐斗拱，两侧装饰有花墙砖雕，透露出南国园林的精致温婉。牌楼花墙把正院分隔成里五外五、里五外四、里五外三等多种形式，别具风格。

二是院落之间与院落后面多建有花园、菜园，通过小门与正院相通。进园之后，有甬道曲折蜿蜒深入，园内错落有致地点缀有回廊亭榭、小桥流水、山石农舍等，颇具南方园林的神韵。

三是在每个院落中都能见到砖雕、木雕、石雕以及木构件上的彩绘，砖雕装饰尤其精美。比如，有房脊的吻兽和雕花护脊，其造型优美、线条流畅、刀法细腻，均为清代砖雕的精品；有照壁、花墙砖雕，既包括传统的百寿图、吉祥图以及佛道故事，又涉及花卉鸟兽和各色果品等；在每排厢房的硬山墙上端的墀头上，都装饰有花、鸟、兽、字等纹饰，两两成对，却又极少雷同，造型别致，各具特色。

闺房陈设

10

瘦西湖

坐标：江苏省扬州市

别名：保障湖

年代：在清康熙、乾隆时期已形成基本格局

荣誉：国家 AAAAA 级旅游景区，世界文化遗产

景观：五亭桥、二十四桥、荷花池、白塔晴云

瘦西湖是著名的湖上园林，自然景观旖旎多姿，是扬州雍容华贵的象征，享有“园林之盛，甲于天下”的美誉。

◎以“瘦”为名

我国以“西湖”命名的景区有三四十处之多，而“瘦西湖”仅有扬州这一个。那么，为什么扬州西湖要冠以“瘦”字呢？

清初吴绮的《扬州鼓吹词序》中写有“城北一水通平山堂，名瘦西湖，本名保障湖”，这是最早记录“瘦西湖”的文字资料。大概含义是因为该湖水道弯曲狭长，故有“瘦西湖”之名。

清乾隆元年（1736 年），钱塘（今杭州）诗人汪沆慕名来到扬州，看到瘦西湖一带的繁华景致，便留下了诗句：“垂杨不断接残芜，雁齿虹桥俨画图。也是销金一锅子，故应唤作瘦西湖。”诗人认为扬州和杭州一样繁华，所以也叫“销金锅子”（比喻花费大量金钱的场所），同时，他又将瘦西湖与杭州西湖相对比，认为“瘦西湖”

这一名称确实形象而贴切。从此“瘦西湖”作为正式名称，名闻天下。

◎“瘦”中尽显玲珑美

瘦西湖是由几条河流汇成的一个狭长的水域，其中点缀着一些岛屿，夹岸垂柳拂波纹，别有意境。在最阔的湖面上，五亭桥和白塔突出水面，成为瘦西湖的标志性建筑。

白塔在形式上与北京北海的琼华岛相似，但更加纤秀，亭亭玉立，而不像北海白塔那样厚重工稳。从钓鱼台两圆拱门远眺，白塔与五亭桥分别映入两园门中，构成了极空灵的一幅图画。这种手法，在园林建筑上称为“借景”，是我国造园艺术上最优秀巧妙的手法之一。

湖中最大一岛名小金山，它是仿镇江金山而堆，却冠以一“小”字，此亦正如西湖之上加一“瘦”字、城内的秦淮河加一“小”字一样，都是以极玲珑婉约的字面来点出景物。瘦西湖就如同盆景一样，虽小却予人以“小中见大”的玲珑美感。

◎白塔——江南水乡的一座喇嘛塔

白塔晴云是瘦西湖二十四景之一，其主要建筑是一座白色的砖石结构的喇嘛塔，高 30 余米，位于五亭桥一侧。一般来说，喇嘛塔在西藏、青海、甘肃、内蒙古、川西等地比较常见，但在江南地区很少见。那么，瘦西湖为什么会有这样一座白塔呢？

原来，这座塔的来历竟与乾隆皇帝下江南有关，该故事出自《清朝野史大观》。据说有一天，乾隆皇帝在瘦西湖乘船游览，船到五亭桥时，他忽然对陪同的扬州官员说：“这里多像京城北海的琼岛春阴啊，只可惜差了一座白塔。”

本地的盐商听到后，立即请人画成图，然后连夜赶工，以白色的盐包为基础，

瘦西湖全景

外面覆盖白布扎成一座临时的白塔。第二天清晨，乾隆皇帝开轩一看，只见五亭桥旁一座白塔巍然耸立，以为是从天而降，身旁的太监连忙跪奏道：“是盐商大贾，为弥补圣上游西湖之憾，连夜赶制而成的。”乾隆皇帝听后连连感叹：“人道扬州盐商富甲天下，果然名不虚传。”

待乾隆皇帝走后，当地便正式地按照北海白塔的样子建造了今天我们看到的这座白塔，所以瘦西湖便有了一座与当地文化风格迥异的喇嘛塔式建筑。

1. 园中春色
2. 瘦西湖白塔
3. 楼阁一角

11

何园

坐标： 江苏省扬州市

别名： 寄啸山庄、何芷舠故居

年代： 始建于清光绪九年（1883 年）

荣誉： 全国重点文物保护单位，国家 AAAA 级旅游景区

景观： 复道回廊、骑马楼、船厅

何园是一处始建于清光绪九年（1883 年）的中国古典园林建筑，被誉为“晚清第一园”。漫步何园，回廊曲折，复道行空，假山贴墙，鸟栖庭树，丘壑宛然，游鱼惊水，宛若“鸟飞屏风里，身置仙境中”。

◎ 建筑布局

何园分为东园和西园两部分，园内的两层串楼和复廊与前面的住宅连成一体。

东园的主要建筑是四面厅。四面厅是一座船厅，为带回廊的单檐歇山式建筑。整座大厅酷似船形，四周用鹅卵石、瓦片铺地，花纹模仿水波状，给人以水居的意境。四面厅为主景，在南向的明间廊柱上悬有木刻，上书“月作主人梅作客，花为四壁船为家”；北侧有一座假山贴墙而筑；东边有一座小巧的六角小亭，背倚粉墙；西面则有石阶数级，蜿蜒通往楼廊；南边是五间厅堂，厅堂的三面都有廊，且复道回廊中有半月台。

西园空间非常开阔，中央有一个水池，鳞次栉比的楼厅廊房环绕着水池。水池的

背面有一幢宽七楹的楼，屋顶高低错落，颇具动感美；中间的三间稍向前突，两侧的两间略向后敛，屋角微翘，像翩翩起舞的蝴蝶一般，故而俗称“蝴蝶厅”。楼旁与复道回廊相连，廊壁间设有漏窗可互见两边的景致。池东有一座石桥通向水心亭，亭南曲桥抚波，与平台相连。池西有一组黄石假山夹道，复廊南面有一幢两层的三开间小楼，占据着小院的一角。

1 | 2 / 3

1. 寄啸山庄
2. 屋脊玉兰
3. 晚清西洋装潢

◎山水建筑浑然一体

何园的主要特色是充分发挥了廊道建筑的设计功能和风格魅力，1500 米长的复道回廊是中国园林中少有的景观。复道回廊左右分流、高低相接、衔山抱水、登堂入室，形成全方位的立体景观和游览路线，发挥了中国园林艺术的蜿蜒变换之美及四通八达之妙。

园中美景

园中的植物搭配十分用心。半月台旁有梅花、桂花、白皮松，北山麓有牡丹、芍药，南山栽着红枫，庭前种着梧桐和古槐，还有芭蕉等各种花草装点着园中景致，既展现了一年四季的布局，又呈现了一日之中的早晚变化。

众所周知，西方的园林讲究“中轴线对称”的理念，而中国古典私家园林通常采用自然手法，其山石亭台、轩榭阁楼均不规则地散落于园中，且与周围景色融为一体，取“天人合一”之意境，何园也是如此。何园虽建于平地，但在叠山理水、安亭建台时独具匠心，比如，贴壁修建嶙峋的山石、连绵的假山，在山麓池边安插精巧的建筑，并根据地势的高低起伏而安设厅楼、山亭等建筑，使整座园林看起来高低起伏、错落有致、蜿蜒逶迤，山水和建筑浑然一体，颇有城市山林之意境，因此成为扬州住宅园林的典型代表。

12

绮园

坐标： 浙江省嘉兴市

别名： 冯氏花园

年代： 始建于清同治十年（1871 年）

荣誉： 国家 AAAA 级旅游景区，全国重点文物保护单位

景观： 绮园十景

绮园是清代剧作家黄燮清送给次女的陪奁，园名取“妆奁绮丽”的含义。绮园在造园风格上兼收苏州、扬州、杭州园林之长，妙用了“水随山转，山因水活”的叠山理水园论，以树木山池为主，建筑仅略做点缀。

◎ 宅园分立的绮园

绮园原为冯氏花园，是一座典型的江南私家园林。清同治九年（1870 年），园主冯缵斋在这里修建了一座三进的宅院；清同治十年（1871 年），冯缵斋汲取其岳父黄燮清经营的明代故园拙宜园、砚园两废园之精华，在自己的住宅“冯三乐堂”后修建园林，取名“绮园”。

绮园一改江南私家园林“宅园相合、宅中附园、园即为宅”的设计，将宅与园各自独立开来。住宅区位于西南方位，分为门楼、三乐堂、堂楼三进，是典型的江南民间建筑风格。花园区位于东北方位，占地面积约 1 万平方米，其造园风格兼具苏州、扬州、杭州园林三种风格。绮园虽建在城市之中，却突出体现了自然景色，采用了

不系舟

以山和水划分园林的内部空间的造园手法，其三山夹两水的总体布局方式更有别于一般江南私家园林以建筑划分空间和景区的传统模式。

◎ 绮园美景

绮园从西侧入园，进园后，迎面为一座四面轩敞的花厅——“潭影轩”。厅前正对着一池碧水，池上有一座九曲小桥，这一景致叫“潭影九曲”。隔池相对筑有一座假山，池水绕厅东流，穿洞后流入山后大池。

东北边为连成一片的大假山，山顶有一座精致小巧的“小隐亭”，是全园的最高点。山北深处有一小潭，

1. 园中美景
2. 屋檐红灯
3. 潭影九曲

潭中有小岛，深幽而含蓄。北山的东南面是中心水池，池的东岸有一座“滴翠亭”，西北筑有“卧虹水阁”。

池中建有两堤三桥，姿态各异，将水域自然分割，富有韵味。全园水相通、山相接，水随山转、山因水活。精巧玲珑的假山把全园隔成两个区域，游人在山洞或岸道穿行游览，可观赏到古藤匍匐、绿荫蔽日的美景，体验石径通幽、移步换景的妙趣。

园内有近千株树木，其中古树名木 40 余株，均为数百年树龄，整个园区几乎全被树木所覆盖。

◎ 美人照镜

在江南园林中，常能见到用太湖石来装点园林。太湖石也叫窟窿石、假山石，产自苏州太湖湖底，是由石灰岩遭到长时间侵蚀后慢慢形成的。

在绮园中，有一块最大的太湖石叫作“美人照镜”，之所以叫“美人照镜”并不是因为它像一位美人，而是因为石颈项处有一圆孔，在天气晴朗的清晨，当阳光经过上方石孔的那一刻，孔中光芒四射、流霞如镜，此时若有人站在石旁观景，就如同“美人”照镜子一样。

13

沈园

坐标： 浙江省绍兴市

别名： 沈氏园

年代： 建于南宋初期

荣誉： 国家 AAAAA 级旅游景区，绍兴古典园林中唯一保存至今的宋式园林

景观： 孤鹤亭、半壁亭、八咏楼、《钗头凤》碑

沈园是南宋时一位沈姓富商的私家花园，至今已有 800 多年的历史。园内亭台楼阁，小桥流水，绿树成荫，一派江南景色。陆游曾在此园墙壁上留下著名词作《钗头凤》，极言“离索”之痛。

◎ “园中有园”的整体布局

沈园是南宋时一位沈姓富商的私家花园，初时占地面积 4 万多平方米，园内景致怡人，因为主人家姓沈，所以称为“沈园”。

众所周知，江南的气候潮湿多雨，而古建筑又以木结构为主，所以宋代沈园的建筑早已不复存在了。我们今天所看到的沈园，是文物部门通过考古探测出了宋、明、清时期的遗物和遗迹，进而查实了宋代沈园的布局和范围，并结合沈氏后人所提供的清代沈园平面图精心设计了修复方案，最后恢复修建的。

沈园可划分为北苑、东苑和南苑这三个相对独立的“园中园”。北苑为古迹区，其中的葫芦池与小山是宋代遗存，其余建筑多为在考古的基础上修复；东苑位于古

迹区的东侧，也叫“情侣园”，主要呈现了江南造园的艺术特色；南苑位于古迹区的南侧，主要由沈园之夜演艺剧场和陆游纪念馆组成。

1. 沈园大门
2. 八咏楼
3. 情侣园

◎ 巧妙的水体设计理念

沈园内部的三个“园中园”全都以水为景观主题。其对水面的处理主要采取了两种手法，一是分散用水，二是集中用水。

北苑和东苑都采用了分散用水的手法，用不同的构筑物巧妙地将整片水面分隔成零散的水域。这样的处理手法可以更好地利用苑内的空旷地带，使山水和建筑之间产生一种内在的联系。

而南苑则采用了集中用水的方法，基本未对水面进行分割处理，保持了整片水域的完整性，各种建筑环水而建，点缀在水域的四周。这种处理手法有效地利用了园林中的各个死角，使整个空间看起来更完整、更和谐。

◎ 沈园之夜

沈园之夜是沈园开放以后设置的一处夜游景点，包括码头恭迎、市井夜市、诗境游园、礼饼献瑞、开戏鸣锣等具体活动情景。景区提供家丁恭候、宋币换购、管家迎客、侍女讲解、品饼饮酒、民乐伴奏、堂会表演 7 项服务。游客可以在参与“宋代大户人家”的开园仪式后，在“侍女”的陪同下游园，欣赏风情大戏，在灯影酒香之中畅饮，感受浓郁的绍兴地方文化。

沈园春光

14

豫园

坐标：上海市黄浦区

别名：西园

年代：建于明代嘉靖至万历年间

荣誉：全国重点文物保护单位

景观：静观大厅、得月楼、听涛阁、古戏台

由明代造园名家张南阳设计并亲自参与施工的豫园“陆具岭涧洞壑之胜，水极岛滩梁渡之趣”，被公认为“奇秀甲于东南”。如今，这座拥有400多年历史的江南古典园林，已成为全国重点文物保护单位。

◎豫园的沧桑历史

豫园位于黄浦江西岸繁华热闹的上海老城，北靠福佑路，东临安仁街，西南与上海老城隍庙邻近，是举世闻名的江南古典园林，也是闻名中外的名胜古迹和游览胜地。它的第一任主人是四川布政使潘允端，潘允端修建此园是为了让双亲安度晚年，所以豫园的“豫”字有“豫悦老亲”的含义。

到了清末，潘家家道中落，潘家后代迫于生计，只得把豫园卖给当地行会。豫园几经易主，后被当地的一些富商士绅聚款购下，并重建楼台、增筑山石。因当时城隍庙东已有东园，即今内园，豫园地稍偏西，遂改名为“西园”。

后来，历经风雨洗礼、时代变迁，豫园内年久失修，亭台破败、池干木枯，呈现

一片凋敝荒凉的景象。1956 年起，地方政府对豫园进行了大规模的修缮，并于 1961 年 9 月对外开放。

◎ 豫园和豫园的龙墙

如今的豫园占地 2 万多平方米，初始规模已恢复大半，园内亭台楼阁、假山水榭、古树名花布局有致、疏密得当，胜似当年模样。

豫园依水而建，按主体建筑可分为大假山、万花楼、点春堂、会景楼、玉玲珑、内园 6 处景区，各个建筑之间既相对独立又遥相呼应，并以回廊串联起来。园内楼阁亭台参差错落，山水交织相映成趣，颇有“人在廊中走，如在画中游”的意境。豫园的建筑多采用青灰瓦屋面和玲珑精巧的斗拱，充分展现了宋式建筑的古朴韵味。

豫园同其他古典园林最大的区别就是龙墙。豫园里的围墙蜿蜒起伏，墙头覆有瓦片，如同龙鳞一般，墙体顶端装饰着 5 个龙头，整垛围墙就像 5 条翩然游动的巨龙，

园中夜景

1. 红叶石龙
2. 灯会
3. 假山廊桥

因此称为龙墙。这 5 条龙形态各异，如点春堂西边是穿云龙，大假山后面是卧龙，和煦堂边是双龙戏珠，内园的可以观前是眠龙。这活灵活现的龙墙与蜿蜒曲折的回廊一起，似隔非隔地把园区内的景致巧妙地区分开，使园内的风景更加富有层次感，一步一景。

众所周知，我国古代把龙作为帝王的象征，龙这一图腾是不能随意使用的。但是豫园的龙墙修建于清代末年，而且这些龙大多只有三个爪子或四个爪子，避去了“五爪金龙”之嫌。

15

清晖园

坐标： 广东省佛山市

别名： 无

年代： 始建于明末，现存建筑主要建于清嘉庆年间（1796—1829 年）

荣誉： 岭南四大园林之一，省级文物保护单位

景观： 澄漪亭、碧溪草堂、归寄庐、小蓬瀛

“千顷鱼塘千顷蔗，万家桑土万家弦”，郭沫若先生曾生动而又传神地描述了这处集明清文化、岭南古园林建筑、江南园林艺术以及珠江三角洲水乡特色于一身的胜景——清晖园。

◎岭南胜地

清晖园是一座始建于明末的园林，故址为明末状元黄士俊所建的黄氏花园，现存建筑主要建于清嘉庆年间。后来屡经修缮，逐步形成了格局完整的具有岭南风貌的园林。

清晖园全园构筑精致紧凑，空间主次分明，建筑物轻巧灵活，整个园林尽显岭南庭院雅致古朴的风格。特别是其“以大园包小园”的独特格局，使得清晖园园中有园、景外有景、步移景异，既凸显了岭南园林的特色，又兼具苏州园林“咫尺之内再造乾坤”的意境。

清晖园集明清文化、岭南古园林建筑、江南园林艺术、珠江三角洲水乡特色于

1
—
2

1. 假山泉景门
2. 清晖园景致

一体，整体上呈现前疏后密、前低后高的独特布局。尽管如此，清晖园也并不显得局促拥塞，反而令人感觉疏而不空、密而不塞，这是因为清晖园的建筑造型小巧别致、灵活通透，各种建筑灵活组合、遥相呼应，反而衬托出庭院的阔达。

在花木配置方面，清晖园园内有超过百种花卉果木，除了岭南园林中常用的果树，还栽种了苏杭园林特有的紫竹、枸骨、紫藤、五针松、金钱松、七爪风、羽毛枫等，并特意从山东等地搜集了龙须枣、龙爪槐等北方树种，其中银杏、沙柳、紫藤、龙眼、水松等古木树龄已百年有余，一年四季满目苍翠，与古色古香的楼阁亭榭交相掩映，别有趣味。徜徉其间，步移景异，令人流连忘返。

◎ 清晖园的船厅

船厅也叫旱船、舫、不系舟，外形酷似画舫，是我国园林设计中一种特有的建筑。通常，船厅的前半部分三面临水，但也有的为旱船。在船头位置，一般都设有类似跳板的平桥与岸相连。

清晖园的船厅为旱船，位于园区的西南角。据说，这座船厅是模仿昔日珠江紫洞艇建成的。当年园主人有一位千金小姐，貌美如花，父母视若掌上明珠。此船厅就是园主人专为小姐建造的闺阁，故又称“小姐楼”。

船厅为二层楼屋，二楼有宽敞的回廊，主楼与南楼形成船的前舱和后舱。在船厅左前方的荷花池边，植有一株沙柳。这株沙柳靠厅而生，就像是稳住船只用的竹篙。在船厅门的正面雕有数竿绿竹，厅内花罩镂空，窗户的格子用竹树图案的木雕装饰，花纹极为精致。更令人拍案叫绝的是蕉下石头上雕刻的蜗牛和犹如齐白石老人阔笔泼墨枝叶之后再精勾细勒的飞虫。

泉眼装饰

16

十笏园

坐标： 山东省潍坊市

别名： 丁家花园

年代： 始建于明嘉靖年间（1522—1566 年）

荣誉： 全国重点文物保护单位

景观： 十笏草堂、四照亭、砚香楼

位于山东省潍坊市胡家牌坊街中段的十笏园吸纳了南北园林建筑的精髓，是中国北方地区的古典园林袖珍式建筑，有“鲁东明珠”的美誉。

◎ “鲁东明珠”

十笏园原是明朝嘉靖年间刑部郎中胡邦佐的故宅，后于清光绪十一年（1885年）被潍县首富丁善宝以重金购作私邸。丁善宝修葺了北边的三间旧楼，定名“砚香楼”，然后挖池堆山、搭桥设亭，把这里修建成一座私人花园。因花园占地较小，被喻为只有10个笏板那么大，因此得名“十笏园”。

十笏园虽小，却不乏楼、台、亭、榭、书斋、客房等建筑，更有池塘假山点缀其间。园中有假山池塘、曲桥回廊、亭榭书房等建筑共34处，有房67间，紧凑而不拥挤，具有江南园林小巧玲珑的特质，因此被冠以“鲁东明珠”之称。

1

2 | 3

1. 园内特色建筑
2. 富丽楼阁
3. 鸢飞鱼跃

◎北派建筑中的江南风格

走进十笏园，你能体会到它独有的韵味。十笏园以南面的十笏草堂为起点，将池中的四照亭和北面的砚香楼连在一起，形成一条轴线贯穿南北，从而呈现出北方建筑浑厚平稳的建筑构思和营造方式。而自西向东，又体现出以曲为美的意蕴：以一条曲折蜿蜒的线，将廊、桥、亭、舫、山、路串联并与园内所有景物衔接起来，具有曲径通幽的南国园林风韵，游人置身其中，大有游览江南园林的韵味。

可以说，十笏园主要表现出北方园林雄浑厚重的特点，但又尽量做出一些变化，使园林兼具江南园林的轻巧、自由风格。

一是轴线与对称。十笏园在中轴线上呈现为南庭院、中山水、北庭院的格局，是南北两院夹一庭的形式。中轴线上由南到北的建筑分别为十笏草堂、院门、岛石、四照亭、院门、砚香楼。其中南院以十笏草堂为倒座主厅，左右伸出耳房，但耳房的间数、大小不一，以此打破严格的对称格局。北院以砚香楼为主厅，左右伸出耳房，并配以厢房。但是，东厢为一层，西厢为二层；东耳房有两间，西耳房有一间。这一小小变化打破了完全对称的布局，显得灵动而自然。

二是建筑形态。园中建筑物的梁架采用了斗拱的形式，使得翼角起翘较为平缓，装饰风格较浑厚大气，这些都是北方园林的典型特征。比如像四照亭这样的水榭也采用了一斗三升的形式，正是受了北方园林营建方式的影响。但是，在栏杆细节的设计上，却尽量显得低矮、轻盈，透露出几分江南的意蕴。

三是池周堆山、理水和建筑的布局承袭江南园林的艺术特色。十笏园中池岸的进退、驳石的堆叠与江南园林一脉相承。耸秀的东山、玲珑的孤石、纤细高挑的亭楼、依水而建的廊舫，处处体现出江南园林的格调，而这些山水格局又是统一在北方建筑典型的轴线格局之下的，十笏园可称得上是南北风格相融、相通的典范。

斗拱

17

布达拉宫

坐标： 西藏自治区拉萨市

别名： 无

年代： 始建于 7 世纪 30 年代吐蕃王朝藏王松赞干布时期

荣誉： 国家 AAAAA 级旅游景区，全国重点文物保护单位，世界文化遗产

景观： 白宫、红宫、灵塔殿

布达拉宫被誉为“世界屋脊的明珠”，是世界上海拔最高，集宫殿、城堡和寺院于一体的建筑群，也是西藏规模最庞大、保存最完整的古代宫堡式建筑群。

◎“世界屋脊的明珠”

布达拉宫坐落在西藏自治区拉萨市中心的红山上，因其建造的历史悠久、建筑所体现出来的民族审美特征，以及对研究藏民族社会历史、文化、宗教所具有的特殊价值，而成为举世闻名的名胜古迹。

据史书记载，7世纪，吐蕃第三十三代赞普松赞干布迁都拉萨，开始修建布达拉宫为王宫。9世纪，随着吐蕃王朝的逐渐解体，布达拉宫也遭到冷落。明崇祯十五年（1642年），五世达赖喇嘛建立了甘丹颇章政教合一的地方政权，使拉萨再一次成为西藏政治、宗教、文化、经济的中心。清顺治二年（1645年），五世达赖喇嘛决定重新修建布达拉宫。经过几百年的扩建修葺，时至今日，布达拉宫已形成了占地面积36万平方米、建筑面积13万平方米的规模，其中宫殿、灵塔殿、大殿、佛殿、经堂、重要职能机构办公

依山垒砌的布达拉宫

处、庭院、回廊等一应俱全，被誉为“世界屋脊的明珠”。

◎ 集多种建筑特色于一身

布达拉宫依山垒砌，群楼重叠，气势雄伟，体现了藏族古建筑的迷人特色。从外观看，布达拉宫有13层，自山脚向上层层加高，直达山顶。从格局上看，布达拉宫主要由东部的白宫（达赖喇嘛居住的地方）和中部的红宫（佛殿及历代达赖喇嘛灵塔殿）组成。红宫前面有一个白色高耸的墙面，叫作晒佛台，用于在佛教的节日期间悬挂大幅佛像挂毯。

布达拉宫整体为石木结构，宫殿的外墙厚2～5米，基础直接埋入岩层。墙身全部用花岗岩砌筑而成，高达数十米，经过注铁加固的墙体具有很强的抗震能力。

布达拉宫的屋顶和窗沿都采用了木质结构，外挑的飞檐、翘起的屋角、镏金的铜瓦，再加上镏金经幢、宝瓶、摩羯鱼和金翅鸟等脊饰，使整座宫殿显得庄严而肃穆。布达拉宫的屋顶大多采用歇山式和攒尖式，具有典型的汉代建筑的风格；而屋檐下的墙面大多装饰有镏金铜饰，其形象大多是佛教法器式八宝，又带有浓重的藏传佛

布达拉宫正门

教色彩；宫殿中的柱身和梁枋上装饰有艳丽的彩绘和精致的雕饰，显示出浓郁的民族特色。

◎ 布达拉宫的女儿墙

从建筑上讲，女儿墙指的是建筑物屋顶外围的矮墙，其主要作用除维护安全外，还会在底部施作防水压砖收头，以避免防水层渗水或是屋顶雨水漫流。依建筑技术规则规定，女儿墙被视作栏杆，并对建筑立面起到装饰的作用。布达拉宫的女儿墙高低无定制，红宫屋顶的女儿墙高 2 米，白宫女儿墙高 1.4 米。

转经筒和朝圣的人们

18

沈阳故宫

坐标：辽宁省沈阳市

别名：盛京皇宫、陪都宫殿、留都宫殿

年代：始建于后金天命十年（1625 年），建成于后金天聪十年（1636 年）

荣誉：全国重点文物保护单位，世界文化遗产，国家一级博物馆

景观：大政殿、十王亭

提起故宫，很多人首先想到的是北京故宫。其实，在东北辽阔的土地上，还有一座清朝最初的皇宫——沈阳故宫。这座由清朝开国皇帝努尔哈赤建立的宫殿虽然没有北京故宫的气势磅礴，却也别具风格。

◎东郊皇宫

沈阳故宫是清朝前身后金的皇宫，也是中国仅存的两大宫殿建筑群之一。清朝迁都北京后，沈阳故宫经过康熙、乾隆时期的改建、扩建，成了皇帝们东巡的宫殿。

沈阳皇宫初建时的面积不大，最早的建筑风格也是完全按照东北特色来建造的。后来，在明皇宫建筑文化的影响之下，经过扩建之后的沈阳故宫在建筑风格上与北京故宫趋于相同。沈阳故宫按照建筑布局和建造的先后次序，可以分为东路、中路和西路三个部分。

东路为努尔哈赤时期建造的大政殿与十王亭，于后金天命十年（1625 年）开始创建，是皇帝举行大典和八旗大臣办公的地方。大政殿为八角重檐攒尖式建筑，是汉族

1 | 2
  | 3

1. 大政殿
2. 金龙雕塑装饰
3. 凤凰楼

的传统建筑形式；而殿顶的相轮宝珠与八个力士，则具有浓厚的宗教色彩；大政殿内的梵文天花，又体现出少数民族的建筑风格。

中路包括大清门、崇政殿、凤凰楼、清宁宫等，于后金天聪元年（1627 年）至天聪九年（1635 年）建成，是皇帝进行政治活动和后妃起居的地方。其中，凤凰楼是当时的后金皇帝进行政治活动和举行宴会的地方。清宁宫坐落在 3.8 米高的平台上，是一座五间硬山前后廊式建筑，西屋内有三面火炕和火地，窗从外面开关，烟筒设在后面，这些细节都符合满族的建筑特点。

西路包括戏台、嘉荫堂、文溯阁和仰熙斋等，于乾隆四十七年（1782 年）建成，是清朝皇帝东巡盛京（沈阳）时，读书看戏和存放《四库全书》的场所。整个建筑的设计和布局与北京故宫十分相似，体现了皇帝的尊严和严格的封建等级制度。

◎庄严神圣的大政殿

大政殿是清太祖努尔哈赤所营建的一座宫殿，也是盛京皇宫内最庄严、最神圣的地方，初称“大衙门”，清崇德元年(1636 年)改名“笃恭殿”，后又改称“大政殿”。因其是一座八角重檐攒尖式建筑，所以俗称“八角殿”。

大政殿坐落在须弥座台基上，八面皆有围廊，殿顶满铺黄色的琉璃瓦，镶有绿剪边，正中为相轮火焰珠顶，宝顶周围 8 条铁链各与 1 个力士雕像相连。殿前的 2 根明柱上各有金龙盘柱，殿内为梵文天花和降龙藻井，并设有宝座、屏风和熏炉、香亭、鹤式烛台等。

大政殿一般用于举行大典，如皇帝即位、颁布诏书、宣布军队出征、迎接将士凯旋等。清顺治元年（1644 年），清世祖福临就是在大政殿登基即位的。

3

第二章

王陵古迹

考古的意义是什么？了解一段尘封的历史、探寻一种古老的文化……因为，文物古迹会说话。

八达岭长城

坐标： 北京市延庆区

别名： 无

年代： 始建于明弘治十八年（1505 年）

荣誉： 国家 AAAAA 级旅游景区，全国文明风景旅游区示范点，第一批国家级风景名胜区，全国爱国主义教育基地

景观： 城墙、敌楼、墩台

八达岭长城是中国古代伟大的防御工程——万里长城的重要组成部分，也是明长城的一个重要隘口。同时，八达岭长城也是居庸关的重要前哨，古称“居庸之险不在关而在八达岭”。

◎ “八达岭”名称由来

关于“八达岭”名称的由来众说纷纭，具体有以下几种说法。

一是由“八大岭”谐音而得名。因这一带山峦层叠、地势险峻，当年兴建这段长城时非常艰难，最后通过仙人的点化，采取“修城八法”，即“虎带笼头羊背鞍，燕子衔泥猴搭肩，龟驮石条兔引路，喜鹊搭桥冰铺栈”，才把建筑材料运送到山上。所以人们就把这段长城称为“八大岭长城”，后来就谐音称“八达岭长城”。

二是由“巴达岭”谐音而得名。相传元代有一位叫“巴达黎黎”的皇帝见这里关山险峻，于是赐名“巴达岭”，后讹传为“八达岭”。但查阅《历代帝王录》《中国皇帝大事年表》等史料，均查不到元代有过叫“巴达黎黎”的皇帝，只有一位叫爱育黎拔力八达的皇帝，也就是元代第四位皇帝仁宗。据传他出生在八达岭所在的缙山县（今延庆区）。

1. 烽火台夜景
2. 云雾八达岭

春季风光

月下烽台

三是由“八道岭”谐音而得名。传说明末李自成率起义大军征战到此，受阻于长城之外，李自成心急如焚。这时探马来报，说前方还有八道险关。李自成听罢长叹一声：“这里的八道岭实在是难以越过，看来强攻是不行！”于是命令起义大军改道而去，后来这里就被称为“八道岭”。

以上三种说法没有确切的文字记载，难以考证。但最可信的说法，应是明代《长安客话》中的解释：“路从此分，四通八达，故名八达岭，是关山最高者。”因为八达岭是居庸关的外口，北往延庆、赤城、内蒙古，西去张家口、怀来、宣化、大同，东到永宁、四海，南去昌平等地区，可谓四通八达，所以它是古代一条交通要道和重要的防卫前哨，素有“京北第一屏障”之称。

◎八达岭长城

万里长城是世界闻名的奇迹之一，它像一条巨龙盘踞在中国北方辽阔的土地上。八达岭长城位于北京市延庆区军都山关沟古道北口，为“天下九塞”之一，是万里长城的典型代表。

八达岭长城的关城为东窄西宽的梯形，建于明弘治十八年（1505年），明嘉靖、万历年间曾修葺。关城有东、西二门，东门额题有“居庸外镇”，西门额题有“北门锁钥”，两门均为砖石结构，券洞上为平台，平台的四周砌有垛口，南北均有通道连接关城的城墙。高大的城墙南北盘旋并逐渐延伸至崇山峻岭之中，不见尽头。依山势向两侧蜿蜒展开的长城雄峙危崖，陡壁悬崖上有古人所书的“天险”二字，这两个字十分贴切地概括了八达岭位置的军事重要性。

20

嘉峪关

坐标：甘肃省嘉峪关市

别名：天下第一雄关

年代：始建于明洪武五年（1372 年）

荣誉：世界文化遗产，国家 AAAAA 级旅游景区，全国重点文物保护单位，全国爱国主义教育示范基地

景观：嘉峪关关城、悬壁长城、长城第一墩、魏晋墓群、黑山石刻、木兰城、七一冰川、滑翔基地

嘉峪关号称“天下第一雄关”，是明长城最西端的关口，城关两侧的城墙横穿沙漠，北连黑山悬壁长城，南接天下第一墩。同时，嘉峪关也是古代丝绸之路的交通要塞，为中国长城三大奇观之一。

◎ “天下第一雄关”

嘉峪关是现存长城上最大的关隘，也是目前中国规模最大的关隘，始建于明洪武五年（1372 年）。嘉峪关全长约 60 千米，由内城、外城、罗城、瓮城、城壕和南北两翼长城组成。嘉峪关拥有由内城、外城、城壕三道防线组成的防守体系，每隔一段距离设有长城城台、墩台、堡城，形成五里一燧、十里一墩、三十里一堡、百里一城的防御体系。

嘉峪关关城以讨赖河谷为天然屏障，依山势而建，扼守南北宽约 15 千米的峡谷地带。嘉峪关附近烽燧、墩台星罗棋布，关城周围共有 66 座墩台拱绕守卫。嘉峪关地势得天独厚，兼具攻防条件，同时还能与附近的长城、城台、城壕、烽燧等设施联合起来构成一道严密的军事防御体系，因此被誉为“天下第一雄关”。

嘉峪关的内城呈西宽东窄的梯形，城高 9 米，东西各有一门，分别为“光化门”和“柔远门”。门外分别筑有瓮城，瓮城的城楼为三层三檐五间式，四周设置有单檐歇山顶的廊。瓮城的四隅均设有角楼，南、北墙的中段还建有敌楼，为带前廊的一层三间式。两门内的北侧修有马道，可以顺着马道直接到达城顶。

◎ 嘉峪关戏台

嘉峪关戏台是嘉峪关游击将军袋什衣在清乾隆五十七年（1792 年）主持修建的，是当时守城官兵、城内居民及过往商旅的休闲娱乐场所，其形制为典型的中国传统古典戏台。

整座戏台被一架木质屏风分割为前台和后台两个部分，屏风的正中央绘有《八仙图》，顶部为《八卦图》，两侧是以寺庙的和尚、尼姑庵的尼姑及其豢养的宠物为形象的彩绘。戏台两侧写有对联“离合悲欢演往事，愚贤忠佞认当场”，这 14 个

嘉峪关城门楼

1
2 | 3

1. 日出
2. 戏台八卦图
3. 天下雄关

字概括了古往今来人间世事的演绎变化及戏曲演出场所的作用。

◎ 天下雄关碑

在嘉峪关西门外100余米处，有一座“天下雄关”石碑。石碑坐南向北，碑身高3米、宽85厘米，上面镌刻有“天下雄关”4个大字，每个字高59厘米、宽45厘米。据史料记载，清嘉庆十四年（1809年），肃镇总兵李廷臣视察嘉峪关防务时，见这里南有祁连雪山，北有黑山，关势雄伟，便写下“天下雄关”4个字并勒石为碑。

21

敦煌莫高窟

坐标： 甘肃省敦煌市

别名： 千佛洞

年代： 始建于十六国的前秦时期（351—394 年）

荣誉： 全国重点文物保护单位，世界文化遗产，中国四大石窟之一

景观： 九层楼、藏经洞

敦煌莫高窟坐落在河西走廊西端的敦煌，规模巨大，有洞窟 735 个、壁画 4.5 万平方米、泥质彩塑 2415 尊，是世界上现存规模最大、内容最丰富的佛教艺术地。

◎ 莫高窟全貌

莫高窟开凿于敦煌城东南 25 千米的鸣沙山东麓的崖壁上，南北全长 1680 米，现存历代营建的洞窟共 735 个，分布在高 15 ～ 30 米的断崖上。从整体布局上看，莫高窟分为南、北两区。

南区主要是用来礼佛的场所，有各个朝代开凿的洞窟 492 个、彩塑 2400 多尊、壁画 4.5 万平方米，其中包括唐宋时期的木构窟檐 5 座，以及民国初重修的莫高窟标志——九层楼，此外还有莲花柱石和舍利塔 20 余座。

北区的 243 个洞窟（另有 5 个洞窟已编入南区 492 个号中）主要是僧侣修行、居住、瘗埋的场所，内有修行和生活设施，如土炕、灶坑、烟道、壁龛、灯台等。

莫高窟展现了洞窟建筑、彩塑、绘画三位一体的综合性艺术。最大的洞窟有 200

多平方米，最小的洞窟不足 1 平方米。

1. 壁画
2. 彩塑
3. 双塔

◎ 美轮美奂的建筑艺术

莫高窟的洞窟，按石窟建筑和功用分为中心塔柱窟（支提窟）、殿堂窟（中央佛坛窟）、覆斗顶形窟、大像窟、涅槃窟、禅窟、僧房窟、廪窟、影窟和瘗窟等形制，此外还有一些佛塔。窟形最大者高40余米、宽30米见方，最小者高不盈尺。

中心塔柱窟是早期石窟保留下来的外来窟形，从这一窟形可以看出，古代艺术家在接受外来艺术的同时，还积极吸收、化用其精髓部分，使其逐渐与本国或本地区的艺术相融合。在多个洞窟外，存有较为完整的唐代、宋代木质结构窟檐，这些都是不可多得的木结构古建筑实物资料，具有极高的研究价值。

◎彩塑、壁画艺术

莫高窟是在砾岩上开凿的，除了南北大像是依山势而修建的石胎泥塑外，其他塑像多为木架结构。彩塑为敦煌艺术的主体，包括佛像、菩萨像、弟子像以及天王、金刚、力士、神等。敦煌石窟的彩塑形式花样繁多，有圆塑、浮塑、影塑、善业塑等，最大的塑像高 34.5 米，最小的塑像仅高 2 厘米左右（善业泥木石像），题材之丰富、手艺之高超，令人叹为观止，堪称佛教彩塑博物馆。

莫高窟的壁画富丽多彩、包罗万象，不但包括各种各样的佛经故事、山川景物、亭台楼阁等建筑画、山水画、花卉图案、飞天佛像，还包括当时劳动人民开展生产活动的各种场景等，可以说，敦煌石窟的壁画艺术再现了十六国至清代 1500 多年间的民俗风貌和历史演变。在大量的壁画艺术中还可发现，中国古代艺术家们在民族化的基础上，吸取了波斯、印度、希腊等国古代艺术的精华，形成多种艺术相结合的新的艺术样式。各朝代壁画表现出不同的绘画风格，也反映出中国封建社会的政治、经济和文化状况，为中国古代史研究提供了珍贵的形象史料。

屋檐装饰细节

22

麦积山石窟

坐标： 甘肃省天水市

别名： 无

年代： 始建于东晋太元九年（384 年）至东晋义熙十三年（417 年）

荣誉： 世界文化遗产，国家 AAAAA 旅游景区，国家重点风景名胜区，全国重点文物保护单位，中国四大石窟之一

景观： 涅槃窟、千佛廊、万佛堂

被誉为“东方雕塑馆”的麦积山石窟，以其精美的泥塑艺术闻名于世。石窟保留有大量宗教、艺术、建筑等方面的实物资料，为后世研究我国佛教文化提供了丰富的资料和史实。

◎ 石窟艺术

麦积山石窟以其精美的泥塑艺术而闻名中外。如果说敦煌石窟是一座巨大的壁画馆的话，那么，麦积山石窟就是一座巨大的雕塑馆。历史学家范文澜曾赞誉麦积山石窟为“陈列塑像的大展览馆”。麦积山石窟的雕像琳琅满目，大的高达 16 米，小的仅有 10 多厘米高，体现了千百年来各个时代在塑像方面的技艺水平和艺术特点，同时也系统地展现了中国泥塑艺术发展和演变的过程。麦积山石窟的泥塑大致可以分为凸出于墙面的浮塑、独立于墙面的圆塑、粘贴在墙面上的模制影塑和壁塑 4 类，其中数以千计的与真人大小相仿的圆塑，雕工细腻、表情生动，极具生活情趣，被视为雕塑中的珍品。

麦积山的塑像有两大特点：一是具有鲜明的民族特点，二是具有世俗化的趋向。除早期作品外，从北魏时期开始，大部分的佛像都是低头俯视的姿态，且面部和蔼可亲。从塑像的体型和衣饰看，已逐渐摆脱了外来艺术的影响，体现出汉民族的特点。

◎ 建筑艺术

麦积山石窟开凿在悬崖峭壁之上，栈道“凌空飞架”，洞窟“密如蜂房”，其惊险陡峭举世罕见。麦积山的洞窟多为佛殿式结构，却无中心柱窟，带有明显的地方特色。值得一提的是，麦积山石窟中的仿木殿堂式石雕崖阁宏伟瑰丽，别具特色，值得一观。

麦积山石窟群中最宏伟、最壮观的一座建筑是第四窟上的七佛阁，又称“散花楼”，位于东崖大佛上方，距地面约 80 米，为七间八柱庑殿式结构。七佛阁高约 9 米，面阔 30 米，进深 8 米，分前廊和后室两部分。其立柱为八棱大柱，覆莲瓣形柱础，建筑构件十分精致，体现了北周时期建筑技术的日臻成熟。后室由并列的 7 个四角攒

麦积山石窟外观

尖式帐形龛组成，帐幔层层重叠，龛内柱、梁等建筑构件均以浮雕表现，线条流畅。

麦积山第四窟的建筑是中国现存最大的一座模仿中国传统建筑形式的洞窟，也是研究北朝木构建筑的重要资料。同时，它如实地表现了南北朝后期已经中国化的佛殿构造及面貌，因此在石窟发展史上具有非常重要的意义和极大的研究价值。

栈道

龙门石窟

坐标：河南省洛阳市

别名：无

年代：开凿于北魏孝文帝迁都洛阳（493 年）前后

荣誉：世界文化遗产，国家 AAAAA 级旅游景区，全国重点文物保护单位，中国四大石窟之一

景观：奉先寺、潜溪寺、万佛洞、莲花洞、药方洞

龙门石窟开凿于北魏孝文帝年间，今存有窟龛 2345 个、造像 10 万余尊、碑刻题记 2800 余块。其中《龙门二十品》是魏碑书法精华，褚遂良所书的《伊阙佛龛之碑》则是初唐楷书艺术的典范。

◎ 佛雕艺术的顶峰

龙门石窟密布于伊水东西两山的峭壁上，南北长达 1000 米，共有 10 万余尊佛像，最大的佛像高达 17.14 米，最小的仅有 2 厘米。西山崖壁上有南北朝和隋唐时期的大中型洞窟 50 多个。古阳洞、宾阳中洞、莲花洞、皇甫公窟、魏字洞、普泰洞、火烧洞、慈香窑、路洞等，为北魏时期的代表洞窟；潜溪寺、敬善寺、摩崖三佛龛、万佛洞、惠简洞、奉先寺等为唐代的代表洞窟。东山则全是唐代的窟龛，其中大中型洞窟有 20 个，如二莲花洞、看经寺洞、大万伍佛洞（又名擂鼓台三洞）、高平郡王洞等。

龙门石窟是历代皇室贵族发愿造像最集中的地方，可以说，它是皇家意志和行为的体现。同时，龙门石窟的唐代造像在继承北魏造像传统的同时，又汲取了汉民

族的文化，创造了雄健生动而又淳朴自然的写实风格，达到了佛雕艺术的顶峰。

1
2 | 3

1. 龙门石窟全景
2. 莲花洞
3. 彩塑大佛

◎ 书法艺术

龙门石窟是中国古碑刻最多的一处，有“古碑林”之称，共有碑刻题记 2800 多块，其中久负盛名的《龙门二十品》和褚遂良的《伊阙佛龛之碑》，分别是魏碑体和唐楷的典范，堪称中国书法艺术中的上乘之作。

书法精品《龙门二十品》是后代碑拓鉴赏家从龙门石窟众多的石刻造像题记中精选出来的书法极品。这些碑刻不仅记录了发愿人造像的动机、目的，还为石窟考古分期断代提供了重要依据。

◎武则天“香山赋诗夺锦袍”

在龙门石窟的香山寺石楼，曾发生过这样一件趣事。据《大唐传载》记录，武则天在洛阳称帝后，非常钟情于伊阙山水，也很喜欢位于其中的香山寺，经常在香山寺中的石楼坐朝。在一次春游香山寺时，武则天心血来潮，主持了一次“龙门诗会”，宣布对胜出者“赐以锦袍”。群臣当然各不相让，争先作诗。首先成诗的是左史东方虬，他诵读道：“春雪满空来，触处似花开。不知园里树，若个是真梅。”武则天觉得东方虬文思敏捷、才华出众，立即把锦袍赐给了他。就在这时，其他大臣也陆续成诗，经当众诵读，其中宋之问的《龙门应制》被一致认为文采、立意都在东方虬之上。武则天品读此诗之后，立刻决定把锦袍收回并赐给宋之问。由此，“香山赋诗夺锦袍”也成了诗坛上的一段佳话。

24

云冈石窟

坐标：山西省大同市

别名：无

年代：开始雕凿于北魏文成帝和平元年（460 年）

荣誉：国家 AAAAA 级旅游景区，全国重点文物保护单位， 世界文化遗产，中国四大石窟之一

景观：昙曜五窟

云冈石窟存有主要洞窟 45 个、大小窟龛 252 个，石雕造像逾 5.1 万尊，为中国规模最大的古代石窟群之一，与敦煌莫高窟、洛阳龙门石窟和天水麦积山石窟并称为“中国四大石窟”。

◎ 中国的石窟文化

“石窟”就是在石壁山崖上开凿的洞窟。佛教在古印度兴起后，很多佛教信徒和僧侣将石窟作为礼佛和修行的场所。因为，依山雕凿石窟、佛像，比用砖石筑建寺院更经久耐用。汉代，佛教经丝绸之路传入中国，石窟寺艺术也同时传入中国。新疆天山南麓的克孜尔千佛洞是我国已知最早的石窟，沿丝绸之路东行，有柏孜克里克千佛洞；进入河西走廊以后，有著名的敦煌莫高窟、安西榆林窟、天水麦积山石窟；从甘肃继续向东，有宁夏须弥山石窟、大同云冈石窟、洛阳龙门石窟等。

位于山西大同西郊 17 千米处的武周山地层岩石属于侏罗纪的长石石英砂岩，石质坚硬、结构紧密，非常适合开凿石窟、雕凿石像。著名的云冈石窟就位于武周山南麓。

云冈石窟依山开凿，东西向绵延约 1000 米，现存主要洞窟分为东、中、西三区，其中东区 4 窟、中区 9 窟、西区 32 窟，此外还有许多小型洞窟，共计窟龛 252 个，大小造像 5.1 万多尊。

◎ 中国古代雕刻艺术的宝库

云冈石窟的规模宏大、造像内容丰富，被誉为中国古代雕刻艺术的宝库。按照开凿的时间顺序，云冈石窟可分为早期、中期、晚期三个历史时期，不同时期的石窟造像风格各不相同。早期的“昙曜五窟”气势庞大，体现出浑厚、豪放、淳朴的西域风情。中期石窟则以雕刻精致细腻见长，这一时期的雕像衣饰华丽、表情丰富，体现了丰富多彩、富丽堂皇的北魏雕刻艺术风格。晚期的窟室规模普遍偏小，但雕

像身材比例适中、面容清瘦俊美，是中国北方石窟艺术的典范和“瘦骨清像”风格的起源。

此外，石窟中还保存有众多乐舞和百戏杂技的石刻，这些都反映出当时佛教思想的盛行，也从侧面展现了北魏社会生活的情态。

云冈石窟是石窟艺术中国化的开始。在云冈中期石窟中出现的中国宫殿建筑式样雕刻，以及在这一基础上发展出来的中国式佛像龛，都在后世的石窟寺建造中得到了广泛的应用和借鉴。而云冈晚期石窟的窟室布局、细节装饰，则展现出浓郁的中国式建筑、装饰风格，这也从侧面体现出佛教艺术中国化正在不断深入。

1 | 2
  | 3

1. 双窟大佛
2. 彩雕佛像
3. 建筑遗迹

25

秦始皇陵

坐标：陕西省西安市

别名：无

年代：建于秦王政元年（前 246 年）至秦二世二年（前 208 年）

荣誉：世界文化遗产，全国重点文物保护单位，国家 AAAAA 级旅游景区

景观：兵马俑、骊山

秦始皇陵是中国历史上第一位皇帝嬴政的陵寝，也是中国历史上第一座规模庞大、设计完善的帝王陵寝。秦始皇陵四周分布着大量形制不同、内涵各异的陪葬坑和墓葬，其中包括举世闻名的“世界第八大奇迹”——兵马俑坑。

◎耗时近 40 年的工程

秦始皇陵位于距西安市 30 多千米的骊山脚下。据史料记载，秦始皇从 13 岁登基时就开始营建自己的陵园，由丞相李斯主持规划设计，大将章邯监工，整个修筑耗时近 40 年。可以说，秦始皇陵开创了历代封建统治者厚葬的先例。

整个秦始皇陵园由南、北两个长方形的城垣构成。考古学家在内城中部发现了一道东西向的夹墙，这一夹墙恰好将内城分为南、北两个部分。秦始皇的封冢位于内城的南半部，是整个陵园的中心；而陵园的地面建筑则集中在陵冢的北侧，陵园的陪葬坑有规律地分布在陵冢的东、西两侧。由此形成了以地宫和陵冢为中心、布局规范、等级严格的帝王陵园。

壮观的兵马俑坑

◎ 秦始皇兵马俑

秦始皇兵马俑坑是秦始皇陵的陪葬坑，位于陵园东侧。最初，这里是一片坟地，当地农民在掘墓时曾发现有跟真人一般大小的石像。1974 年 3 月，陵东西杨村村民在打井时，意外发现规模宏大的秦始皇兵马俑坑，后来经过考古工作者的发掘，才揭开了埋葬于地下的 2000 多年前的秦俑的秘密。

秦始皇兵马俑陪葬坑坐西向东，三个俑坑呈“品”字形排列。最早被村民发现的是一号俑坑，呈长方形，东西长230米，南北宽62米，深5米，四面有斜坡门道。它的左右两侧各有一个俑坑，现称二号坑和三号坑。

秦始皇兵马俑场面宏大，队列整齐，威风凛凛，展现出秦军的编制、武器的装备和古代战争的阵法。秦始皇兵马俑全部模仿真人、真马制成。陶俑身高1.75～1.95米，身材魁伟，体态匀称。兵马俑按兵种可分为步兵俑、骑兵俑、车兵俑、弓弩手、将军俑等。其中，步兵俑统一身着战袍，背挎弓箭；骑兵俑则身着短甲和紧口裤，足蹬长筒马靴，一手持弓箭、一手握缰绳；车兵俑又分为驭手和军士两种，驭手驾驭着战车，军士则分列于战车两侧，就像在保护驭手一样；弓弩手分为立姿、跪姿两种姿态，全都弯弓搭箭、目视前方；将军俑神情自若，其临阵不乱的大将风度栩栩如生。陶马普遍高1.5米、长2米，体形健硕，昂首挺立。这些都完美体现出秦始皇威震四海、统一六国的整齐军容和宏伟气势。

1. 三种不同职能的兵俑
2. 铜马车
3. 骊山日出

26

乾陵

坐标：陕西省咸阳市

别名：无

年代：建成于唐光宅元年（684年）

荣誉：全国重点文物保护单位

景观：无字碑

乾陵是唐高宗李治与女皇武则天的合葬墓，是唐十八陵中主墓保存最完好的一座，也是唐陵中唯一一座没有被盗的陵墓。

◎唐陵中唯一一座没有被盗的陵墓

乾陵地处咸阳市乾县北面的梁山上，相当于八卦图中的乾位，因此得名“乾陵”。乾陵的陵园布局气势磅礴，地表上存有大量唐代石刻。除主墓外，乾陵还有17个小型陪葬墓，里面葬着皇室成员和一些功臣。截至2013年，仅开掘了其中的5个陪葬墓，出土了大量文物。

乾陵是唐高宗李治和女皇武则天的合葬墓，据说陪葬品达500吨之多，其奢华程度难以想象。唐末，黄巢曾打过乾陵的主意，结果他发动了40万人，却只是挖出一条40多米深的大沟，始终没有找到墓道口。至今，在梁山主峰西侧仍有一条深沟，人们称为“黄巢沟”。后世也曾有人试图挖掘此墓，均无功而返。因此，乾陵也被称为“世界上最难挖的坟墓”。

断头人马

1958年，几个当地农民在炸石的时候偶然发现了墓道口。1960年，陕西省成立乾陵发掘委员会，并开始发掘乾陵地宫墓道，当墓道砌石全部披露时，周恩来总理对《乾陵发掘计划》做出“我们不能把好事做完，此事可以留给后人来完成”的批示；不久，国务院又再发通知要求“全国帝王陵墓目前先不要挖”。因此，对乾陵的挖掘工作才停了下来。

◎无字碑之谜

乾陵前并立着两块巨大的石碑，西侧的叫述圣碑（或称述圣纪碑），是武则天为高宗歌功颂德而立的碑，碑上刻有武则天亲自撰写的5000余字碑文，黑漆碑面，字填金粉。

位于东侧的就是武则天的无字碑。无字碑是用一块完整的巨石雕凿而成的，碑额未题碑名，只在碑首雕刻了8条缠绕在一起的螭龙，螭龙鳞甲分明、栩栩如生。

碑的两侧刻有升龙图，碑座阳面有线刻的狮马图（或称狮马相斗图）。此外，碑上还刻有花草纹饰，线条流畅，细腻精美。

秦始皇以后，帝王将相全都希望自己死后能树碑立传，而中国历史上唯一一位正统女皇帝的石碑却没有刻一个字，这不禁令人费解。因此，民间流传有很多种关于无字碑的传说。

不过，陕西文物研究所在一次考察时，无意间发现：在无字碑的阳面刻满了4厘米×5厘米的格子。经考证，这些排列整齐的格子并不是后人刻上去的，因此只有一种可能——它们就是当初准备在石碑上刻字用的格子，而且碑文已经拟好。根据留在碑面上的格子计算，碑文有3300多字。那么，为什么已经准备好的碑文却没有被刻在石碑上呢？

历史学家做出了这样的推测：武则天生前已经撰写好了碑文，并交给了李显。武则天叱咤风云几十年，在“神龙政变”后让位给李显，将国号“周”恢复为“唐”。李显虽是武则天的亲生儿子，却长期生活在惶恐不安中，登上皇位后虽不能发泄对母亲的憎恨，但也不想为母亲歌功颂德，于是便为武则天留下了这样一块无字碑。

乾陵地宫

27

西夏王陵

坐标：宁夏回族自治区银川市

别名：西夏帝陵、西夏皇陵

年代：约自 11 世纪初至 13 世纪初

荣誉：全国重点文物保护单位，国家重点风景名胜区

景观：陵邑遗址

西夏王陵是西夏历代帝王以及皇家的陵墓。西夏王陵吸收了唐宋皇陵建筑之所长，同时又受佛教建筑影响，形成了中国陵园建筑中别具一格的形式，享有“东方金字塔”之称。它是现存规模最大的一处西夏文化遗址。

◎ 不设防的“东方金字塔”

西夏王陵受到佛教建筑的影响，将汉族文化、佛教文化、党项族文化有机结合，形成了我国陵园建筑中极具个性的形式，有“东方金字塔”之称。

西夏王陵景区占地面积 58 平方千米，分布有 9 座帝王陵墓和 270 余座王侯勋戚的陪葬墓，布局工整，规模宏大。每座帝陵都是坐北向南、呈纵长方形的独立建筑，规模同明十三陵大致相当。

历朝历代的帝王贵胄们几乎全都既希望自己的陵寝豪华壮丽，又希望能够不被盗掘，因此，高大的封土成了防止盗掘的重要屏障，盛放帝王棺椁及殉葬品的墓室都建在如山般高耸的封土下方。但奇怪的是，西夏王陵的陵台却并非位于墓室的正

建筑景观

上方，而是位于墓室以北10米处，这样根本起不到防止盗掘的作用。

此外，西夏王陵墓道的入口设置在献殿内部，这在帝王陵寝中也是绝无仅有的。隐藏墓道的走向是营造帝王陵墓时最为隐秘的工作之一，明代万历皇帝的定陵的墓道入口设置在宝城的侧面，就是为了防止别人找到，而这的确让20世纪50年代发掘定陵的考古人员耗尽心思、大费周章。而西夏的皇帝们似乎并不担心这一点，除了把墓道入口直接设置在献殿中，他们甚至还为后人指明了自己墓道的方向——西夏帝陵的献殿至陵台之间有一条凸起于地面的鱼脊梁封土，而墓道就埋藏在封土的下方。

西夏皇帝为什么对自己的陵寝不设防呢？考

建筑装饰妙音鸟

古发掘显示，和奢华的唐宋帝陵相比，西夏王陵的墓室要简朴得多。西夏王陵多为一主室加左右耳室构成的三室土洞式结构，陪葬品也相对较少。可能正因为如此，西夏皇帝才不担心有盗墓者来盗掘陵墓。

◎不长草的奥秘

西夏时期夯土的最高成就，就体现在西夏王陵的建筑上。西夏王陵不仅坚固异常，更让人惊讶的是，封土之上竟然寸草不生！

阻止王陵的封土长草有两个原因：一是长草后，草根会疏松土壤，最终毁掉王陵；二是如果王陵的封土长草，将会有损陵墓庄严肃穆的形象。

为了让王陵的封土不长草，西夏的工匠们想出了三个方法。第一个方法是蒸土，就是把黄土放到大蒸笼上进行熏蒸，借以杀灭黄土里面的草籽。第二个方法是将熏蒸过的黄土放入铁锅中，加入香油翻炒均匀，土壤中含有香油成分以后，草籽便无法发芽存活。第三个方法是夯紧封十，因此土壤坚比金石，草籽很难存活。经过这样“三管齐下”的处理，西夏王陵历经千年也不曾长草。

西夏王陵全景

28

明十三陵

坐标：北京市昌平区

别名：无

年代：始建于明永乐七年（1409 年）

荣誉：世界文化遗产，全国重点文物保护单位，国家重点风景名胜区，国家 AAAAA 级旅游景区

景观：神路

明十三陵坐落于北京市昌平区天寿山南麓，是明朝迁都北京后十三位皇帝的陵寝总称。明十三陵是中国乃至世界现存规模最大、帝后陵寝最多的一处皇陵建筑群。

◎明十三陵中少了哪三位皇帝？

明朝历史上有十三位皇帝的陵墓位于北京市昌平区天寿山南麓，所以这一陵区称为明十三陵。明朝从朱元璋开国到崇祯皇帝殉国，一共有十六位皇帝，为何明十三陵只有十三位皇帝的陵墓？另外三位皇帝的陵墓在哪里呢？

第一个没有葬在明十三陵的明朝皇帝是明朝开国皇帝朱元璋，他建都于南京，死后被安葬在南京东郊紫金山，称“明孝陵”。

第二个没有葬在明十三陵的明朝皇帝是明朝第二帝，即建文帝朱允炆，因其叔父朱棣以“靖难”为名发兵打到南京，建文帝下落不明，所以建文帝没有陵墓。

第三个没有葬在明十三陵的明朝皇帝是第七帝朱祁钰，因其兄英宗皇帝朱祁镇被瓦剌所俘，宫中无主，在太后的旨意和大臣的拥护下，朱祁钰登上了帝位。后英

1 | 2
3 | 4

1. 十三陵水库秋色
2. 碑亭
3. 石雕像
4. 定陵祾恩门

宗被放回，在心腹党羽的策划下，搞了一场“夺门之变”，又当上了皇帝。英宗复辟后朱祁钰被废为郕王软禁在西苑，没多久就去世了。英宗不承认朱祁钰是皇帝，不准其葬入帝陵。于是英宗将朱祁钰在天寿山区域内修建的陵墓捣毁后，以王的身份将他葬在了北京西郊的玉泉山，即“景泰陵”。

这就是明十三陵少了三位明朝皇帝的原因。

◎ 为何只发掘了定陵？

从明永乐七年（1409 年）开始修建长陵至明朝最后一位皇帝朱由检葬入思陵（1645 年），明十三陵的修建前后历时 230 多年。明十三陵中共有 13 座皇帝陵墓、7 座妃子墓、1 座太监墓，共埋葬了 13 位皇帝、23 位皇后、2 位太子、30 多位妃子及 2 名太监。明十三陵是中国乃至世界上现存规模最大、帝后陵寝最多的一处皇陵建筑群。可是，为什么偏偏只发掘了万历皇帝的定陵呢？

最早提出挖掘古代皇陵计划的是著名历史学家吴晗，他从学术的角度，期望通过明陵里的出土器物来进一步研究明史。

挖掘工作计划于 1956 年春开始，原本是打算先挖掘规模最大、保存最完整、最有研究价值的明成祖朱棣的长陵，但由于当时对长陵的调查工作进展得并不顺利，考古队最后决定先挖掘定陵来摸索一些发掘经验。于是，万历皇帝在死去几百年之后，成了明代唯一一个被挖掘陵墓的帝王。

定陵的挖掘工作从 1956 年 5 月开始，至 1958 年 7 月底基本结束。虽然在此过程中一波三折，但最终还是完成了挖掘。可惜的是，当时的文物保护技术尚不成熟，知识水平也明显不足，地宫被打开后，大量的文物因氧化而毁坏，再加上当时人为的破坏，地宫里的葬品几乎没有多少被保存下来。

有了挖掘定陵的教训，国家马上出台了“不主动挖掘帝王陵寝”的规定。于是，明十三陵其他陵墓没有被挖掘。

夏日风光

清东陵

坐标：河北省唐山市

别名：无

年代：从清顺治十八年（1661 年）始建，到光绪三十四年（1908 年）完成

荣誉：全国重点文物保护单位，世界文化遗产，国家 AAAAA 级旅游景区

景观：孝陵神路、孝陵七孔拱桥、裕陵圣德神功碑亭、裕陵玉带桥

位于河北省唐山市遵化市西北30千米处的清东陵中，埋葬着5位皇帝、15位皇后、136位妃嫔、3位皇子、2位公主，共161人。清东陵是中国现存布局最得体的帝王陵墓建筑群。

◎ 清东陵的陵寝布局

清朝入关以后，第一帝世祖顺治皇帝的孝陵选址于南起金星山、北达昌瑞山主峰的中轴线上，后世其余皇帝的陵寝以孝陵为中轴线，按照“居中为尊”“长幼有序”“尊卑有别”的传统观念在孝陵的两侧依山势呈扇形排列开来。各陵均按规制营建了一系列建筑，但总体布局都是“前朝后寝”。

孝陵的左侧是圣祖康熙皇帝的景陵，再向左是穆宗同治皇帝的惠陵；孝陵的右侧是高宗乾隆皇帝的裕陵，再向右是文宗咸丰皇帝的定陵。这样就形成了儿孙陪侍父祖的格局，体现出“长者为尊”的伦理观念。

皇后陵和妃园寝都建在本朝皇帝陵的旁边，以此表明它们之间的主从、隶属关系。

隆恩殿

此外，皇后陵的神道都与本朝皇帝陵的神道相接，而各皇帝陵的神道又都与陵区中心轴线上的孝陵神道相接，从而形成了一个庞大的枝状体系。

◎ 孝陵的规制

清朝入关以前，已经在关外营建了 3 座皇帝陵，即永陵、福陵和昭陵。这 3 座陵寝的规制各异，说明当时并无定制。清朝入关以后所营建的陵寝，基本因袭了明陵的规制。清东陵各座陵寝的序列组织均严格地遵照“陵制与山水相称”的原则，既要“遵照典礼之规制”，又要“配合山川之胜势”。

自顺治皇帝的孝陵落成以后，清代皇帝陵的规制就已基本形成。其布局可分为 3 个区——神路区、宫殿区和神厨库区。

孝陵的神路区建筑配置最丰富，从南向北依次为石牌坊、东西下马碑、大红门、具服殿、圣德神功碑亭、石像生、龙凤门、一孔桥、七孔桥、五孔桥、东西下马碑、三路三孔桥及平桥。

1. 玉带桥雪景
2. 精美壁雕
3. 红顶琉璃花门

宫殿区严格按照“前朝后寝”的格局营建，从南向北依次为神道碑亭、东西朝房、隆恩门、东西燎炉、东西配殿、隆恩殿、陵寝门、二柱门、石五供、方城、明楼、琉璃影壁及月牙城、宝城、宝顶，宝顶下是地宫。

神厨库区位于宫殿区的左前方，坐东朝西，其建筑有神厨、南北神库、省牲亭，同时环以围墙，围墙外建有井亭。

3 个区中所有带屋顶的建筑除班房覆以布瓦外，全部用黄琉璃瓦覆顶。其中大红门为单檐庑殿顶建筑；圣德神功碑亭、神道碑亭、隆恩殿、明楼和省牲亭为重檐歇山顶建筑；具服殿、隆恩门、配殿、燎炉为单檐歇山顶建筑；朝房为单檐硬山顶建筑；神厨、神库为单檐悬山顶建筑；陵寝门为琉璃花门；井亭为盝顶建筑；班房为单檐卷棚顶建筑。

其余皇帝陵寝在孝陵规制的基础上稍有调整。

30

清西陵

坐标： 河北省保定市

别名： 无

年代： 始建于清雍正八年（1730 年）

荣誉： 全国重点文物保护单位，世界文化遗产，国家 AAAAA 级旅游景区

景观： 永福寺、昌西陵的回音石和回音壁、溥仪墓

清西陵位于河北省保定市易县城西 15 千米处的永宁山下，是清代雍正皇帝等 4 位皇帝的陵寝之地。陵区内的古松林是目前华北平原最大的人工古松林。

◎清西陵的规模

清西陵占地面积达 800 余平方千米，共有 14 座陵墓，包括 4 座帝陵（雍正的泰陵、嘉庆的昌陵、道光的慕陵、光绪的崇陵）、3 座后陵、3 座妃陵以及 4 座其他陵（怀王陵、公主陵、皇子陵、王爷陵），共葬有 4 位皇帝、9 位皇后、56 位妃嫔以及王公、公主等约 80 人。

清西陵有规模宏大、体系完整的古建筑群。陵区内有华北地区最大的人工古松林。清西陵陵区内各陵园共用祖山、石牌坊、大红门，周围全有风水围墙和火道、界桩围绕。陵寝布局有主有从，皇后陵和妃园寝均以本朝帝陵为中心分建于左右，体现了墓主人的附属关系。各帝陵神道均与主陵神道相接，后陵神道与本朝帝陵神道相接，形成枝状的神道网络。

石牌坊

世宗雍正皇帝的泰陵是整个清西陵陵区的中心。泰陵的西面坐落着仁宗嘉庆皇帝的昌陵和宣宗道光皇帝的慕陵，泰陵的东面坐落着德宗光绪皇帝的崇陵、末代皇帝溥仪墓以及皇子、公主园寝和永福寺等建筑。每座陵寝都严格遵循清代皇室建陵制度，其中皇帝陵、皇后陵、王爷陵均采用黄色琉璃瓦盖顶；妃嫔、公主、皇子园寝均为绿色琉璃瓦盖顶。这些不同的建筑形制，展现出不同的景观和风格。

◎ 雍正皇帝为何要远离祖坟修建清西陵？

清朝入关以后，修建了供帝王家族死后埋葬的清东陵。按照常理来说，这里应该算得上是清朝皇帝的祖坟陵园，从顺治皇帝之后的帝王都应该在宾天之后葬入清东陵。可是清东陵在埋葬了顺治、康熙两位皇帝之后，雍正皇帝却另寻风水宝地修建了和清东陵齐名的清西陵。也就是说，雍正皇帝并没有死后要进祖坟的意思，这是为什么呢？

据史料记载，雍正皇帝刚一即位，就命人在清东陵为自己选陵址，最后选在清东陵九凤朝阳山，并运去了大量建筑材料，准备修建陵寝。但开建之后才发现，九凤朝阳山的地势并不是很好，陵墓建成以后有地宫渗水的可能。于是雍正皇帝认为“规模虽大而形局未全，穴中之土又带砂石，实不可用”，便将原址废掉，命人另选“万年吉地”。选陵址者奏称，易县永宁山下是“乾坤聚秀之区，阴阳汇合之所，龙穴砂水，无美不收。形势理气，诸吉咸备”。雍正皇帝听后十分高兴，也认为这里“山脉水法，条理详明，洵为上吉之壤”。于是，以后各代皇帝便间隔分葬于遵化和易县的东、西两大陵区。

1 | 2

1. 幽静的陵园

2. 永福寺

第三章

古塔楼阁

屹立不倒的千年古塔，诗词传颂的文化名楼，它们静静地站在那里，默默地承载着厚重的历史文化。

31

黄鹤楼

坐标：湖北省武汉市

别名：无

年代：始建于三国时代吴黄武二年（223 年）

荣誉：国家AAAAA级旅游景区，江南三大名楼之一，武汉三大名胜之一

景观：诗碑廊、白云阁、胜像宝塔

黄鹤楼位于湖北省武汉市长江南岸的武昌蛇山之巅，濒临万里长江，是江南三大名楼之一，自古享有“天下江山第一楼”和“天下绝景”之称。它与晴川阁、古琴台并称“武汉三大名胜”。

◎ “天下江山第一楼”

黄鹤楼是闻名中外的历史名胜，是素有“九省通衢”之称的武汉市的标志性建筑。

黄鹤楼始建于三国时代吴黄武二年（223 年），当时黄鹤楼只是一座用来瞭望守戍的军事楼。晋灭东吴以后，三国归于一统，失去军事价值的黄鹤楼逐步演变成官商行旅“游必于是”“宴必于是”的观赏楼。唐代诗人崔颢在此题下《黄鹤楼》一诗，李白在此写下《黄鹤楼送孟浩然之广陵》，历代文人墨客在此留下了许多千古绝唱，使得黄鹤楼声名远播。

随着历史更迭，黄鹤楼屡建屡废，仅在明清两代就被毁 7 次、重建和维修 10 次。1957 年建武汉长江大桥武昌引桥时，黄鹤楼的旧址被占用。1981 年重建黄鹤楼时，

1. 黄鹤楼
2. 铜质宝塔顶
3. 建筑细节

将新址选在距旧址约 1000 米的蛇山峰岭上。现在我们看到的黄鹤楼是以清代黄鹤楼（“同治楼”）为蓝本，于 1981 年重建、1985 年落成的。

◎“黄鹤楼”得名

黄鹤楼为何以“黄鹤”为名呢？民间有两种非常有趣的说法。

一种说法是原楼建在黄鹄矶上，后人念“鹄”为“鹤”，于是以讹传讹、口口相传遂成事实。

还有一种说法颇具神异色彩，那便是“仙人黄鹤”的传说。魏晋南北朝时期盛行神仙之说，有关黄鹤楼的神话就是在这样的社会背景下形成的。“跨鹤之仙”的传说最早出现在南朝科学家祖冲之的《述异记》中，后来，祖冲之所描述的“驾鹤之宾”被鲁迅辑录在《古小说钩沉》里，大致意思如下：黄鹤楼原址在湖北武昌蛇山黄鹄矶头。据说，此地原为辛氏开设的酒家，有一个道士为了感谢辛氏千杯之恩，在壁上画了一只黄鹤，告诉辛氏这只黄鹤听到笛声能飞下墙来起舞助酒兴。辛氏一试，果然如此。从此，这个酒家的生意越来越兴隆。10 年后，道士回来吹奏笛曲，黄鹤飞下墙来，道士跨上黄鹤直上云天。辛氏为纪念这位帮她起家致富的仙翁，便在酒家原址盖起一幢楼，取名“黄鹤楼”。

◎“外五内九”黄鹤楼

1985 年落成的黄鹤楼比旧楼更加壮观，这是因为横空飞过的长江大桥就横在它的面前，而隔江相望的则是高达 24 层的晴川饭店。这一组建筑古今辉映，令人惊叹。黄鹤楼最大的建筑特点就是各层大小屋顶交错重叠，飞檐翘角，就像是展翅欲飞的鹤翼。楼层内外均绘有以仙鹤为主体，以云纹、花草、龙凤为点缀的图案，更增添了黄鹤楼的意趣。

此外，黄鹤楼还有一个与众不同之处，就是“外五内九”的建筑结构。从外面看黄鹤楼，它一共有 5 层，但事实上，黄鹤楼在每两层之间还有一个夹层，俗称“跑马廊”。也就是说，黄鹤楼本有 5 层，再加上每两层之间的跑马廊，黄鹤楼的内部结构是 9 层。

黄鹤楼夜景

32

岳阳楼

坐标： 湖南省岳阳市

别名： 阅军楼、巴陵城楼

年代： 始建于东汉建安二十五年（220 年）前后

荣誉： 全国重点文物保护单位，江南三大名楼之一

景观： 三醉亭、仙梅亭、小乔墓

岳阳楼坐落在湖南省岳阳市古城西门城墙之上，其地理位置十分优越，下瞰洞庭，前望君山，风景怡人，因此自古就有“洞庭天下水，岳阳天下楼”之美誉。北宋的范仲淹曾写过一篇《岳阳楼记》来赞美岳阳楼。

◎ “岳阳楼”得名

岳阳楼楼顶的仙鹤彩绘

据记载，岳阳楼是三国时期东吴大将鲁肃的阅军楼，始建于220年前后，西晋南北朝时改称“巴陵城楼”。

南朝宋元嘉三年（426 年），中书侍郎、大诗人颜延之路经巴陵，写下《始安郡还都与张湘州登巴陵城楼作》一诗，诗中有“清氛霁岳阳”一句，这是“岳阳”之名第一次出现在诗文

中。直到中唐李白赋诗《与夏十二登岳阳楼》之后，巴陵城楼始称“岳阳楼”。后来，北宋范仲淹写下《岳阳楼记》，岳阳楼开始名扬四海。

◎ “岳阳天下楼”

岳阳楼造型古朴典雅，坐西朝东，坐落在以花岗岩围砌而成的台基上，主楼高近 20 米，为纯木结构的 3 层建筑，有四柱、斗拱、飞檐、盔顶。

四柱是指岳阳楼的基本构架。岳阳楼的承重主柱是 4 根从一楼直抵三楼的楠木，也叫“通天柱”。除了 4 根通天柱，其他柱子都是 4 的倍数，其中廊柱有 12 根，檐柱有 32 根。这些木柱彼此牵制，从而组合成一个整体，不但增加了楼体的美观度，还使整个建筑更加牢固。

斗拱是中国建筑中特有的一种木结构。由于中国古代建筑中的房檐会挑出很长，斗拱的基本功能就是承托挑出的屋檐。其中托着屋檐的方木块叫“斗”，托着斗的

1 | 2　1. 从岳阳楼上观洞庭日落
2. 岳阳楼全景

木条叫“拱”，二者合称“斗拱”。岳阳楼的斗拱结构非常复杂，工艺十分精美，当地人传说是鲁班亲手制造的。

岳阳楼的斗拱所承托的就是它的“飞檐”。岳阳楼的三层建筑均有飞檐，每层檐面都有四条脊：第一层脊上装饰有荷花、莲蓬，翘首为凤凰；第二层为昂首的龙头；第三层饰以卷草，翘首为回纹形如意祥云。

岳阳楼的楼顶为层叠相衬的如意斗拱托举而成的盔顶，这种拱而复翘、如同古代将军头盔的顶式结构在中国建筑史上是独一无二的。盔顶结构是岳阳楼最突出的特点。据考证，岳阳楼是中国仅存的盔顶结构的古建筑。

岳阳楼采用纯木结构，楼中四根楠木通天柱直贯楼顶，周围绕以梁、枋、椽、檩。整座建筑没有用到一钉一铆，仅靠木质构件彼此勾连，令人叹为观止。

岳阳楼在美学、建筑学、工艺学上都有惊人的成就，因而自古就享有“岳阳天下楼”的美誉。

33

阅江楼

坐标： 江苏省南京市

别名： 无

年代： 始建于明洪武七年（1374 年）

荣誉： 国家 AAAA 级旅游景区，“江南第一楼”

景观： 巨型瓷画、金龙

阅江楼位于江苏省南京市，濒临长江，是中国十大文化名楼之一，有“江南第一楼”之称。著名的《阅江楼记》由明朝文学家、翰林大学士宋濂所写，入选《古文观止》。

◎ 造了一半就停工的阅江楼

600 多年前，朱元璋在卢龙山（今南京城西北的狮子山）上击退陈友谅 40 万大军，为建立明朝奠定了基础。

明洪武七年（1374 年），明太祖朱元璋下诏在狮子山上修建一座楼阁，赐名“阅江楼”，并让文臣们以“阅江楼”为题，作一篇《阅江楼记》。很多作品流传至今，其中最著名的是宋濂所写的《阅江楼记》，以及朱元璋亲自撰写的《阅江楼记》和《又阅江楼记》。

然而，打好地基后，朱元璋却突然下令停建阅江楼，还写了《又阅江楼记》说明理由：一是上天托梦告诫，二是眼下还有很多迫切需要解决的大事要做。其实，

雪中的阅江楼

朱元璋没有提及的最重要的原因是：当时大明王朝大部分的人力、财力都用于修建南京和凤阳的城墙，所以修建阅江楼的经费显得捉襟见肘。

20 世纪末，社会各界提议复建阅江楼，以结束阅江楼 600 多年来“有记无楼”的历史。1997 年，南京市政府批准修建阅江楼，历时 4 年竣工。但遗憾的是，由于当时建造资料的缺失，加上为确保建筑安全稳固、便于日常保养维护，复建时采用的是现代的钢筋混凝土结构，而不是传统的木质结构，未免让阅江楼少了些古韵。

◎ “L”形的阅江楼及其装饰布局

阅江楼呈“L”形，主翼面朝北、次翼面朝西，两翼都能欣赏到长江风光。主楼位于两翼犄角处，共 7 层。

一楼设有“一壁、一椅、一匾”。金字靠壁前摆放着一把上等红木制成的龙椅，龙椅的靠背上刻着 9 条龙，栩栩如生。东侧墙面有一块匾，是康熙皇帝亲笔所题，上书“治隆唐宋”。

二楼陈列了明朝版图、名家书画、科学技术等，还有 16 位皇帝像，向世人展示了明朝灿烂的文化和当时中国先进的科学技术水平。

三楼陈列了“一船、一画”，展示的是当时的航海文明。明成祖朱棣在位时，南京下关地区是一座造船厂，打造了很多艘船，其中最长的一艘长 138 米、宽 56 米，载重达 7000 吨，航行时配 9 桅 12 帆，其规模在当时堪称世界第一。三楼陈列的一幅巨型瓷画高 12.8 米、宽 8 米，描绘了航海家郑和奉旨建造宝船七下西洋的历史。

楼顶蟠龙藻井

34

滕王阁

坐标： 江西省南昌市

别名： 无

年代： 始建于唐永徽四年（653 年）

荣誉： 国家 AAAAA 级旅游景区，江南三大名楼之一

景观： “滕阁秋风”牌楼

滕王阁位于江西省南昌市，是江南三大名楼之一。初唐诗人王勃作《滕王阁序》，写下千古名句“落霞与孤鹜齐飞，秋水共长天一色”，让滕王阁享誉古今。

◎一个王爷修建了三座“滕王阁”

唐贞观十三年（639 年），唐高祖李渊第二十二子、唐太宗李世民之弟李元婴被封于滕州（今山东滕州），史称滕王。随后李元婴修建了一座楼，命名为“滕王阁”（后被毁）。

唐永徽三年（652 年），李元婴调任江南洪州（今江西南昌）都督。因思念滕州，次年他在赣江边又修建了一座楼，同样命名为“滕王阁”。这座滕王阁，就是因王勃《滕王阁序》而名传千古的那座江南名楼。

唐高宗调露元年（679 年），李元婴改任隆州（今四川阆中）刺史。在阆中，李元婴在嘉陵江畔的玉台山腰修建了一座壮丽宏伟的行宫，称“阆苑”，杜甫在《滕王亭子》《玉台观》等诗中将其称为“阆中滕王阁”。这也就是历史上在滕州、洪州、隆州三个地方都有关于滕王阁的记录的原因。

◎ 为何江南三大名楼中唯有滕王阁称为“阁”？

历史上，江西南昌滕王阁多次被毁，先后重建达 29 次。今天我们所看到的滕王阁是 1989 年重建的，是按照建筑大师梁思成和他的学生莫宗江绘制的 8 幅《重建滕王阁计划草图》建造而成的。

滕王阁与黄鹤楼、岳阳楼并称为“江南三大名楼”。那么，为什么其他两楼均称为“楼”，只有滕王阁称为“阁”呢？

在传统建筑中，两层以上的房屋称为“楼”，而“阁”则是一种架空的“楼”，是由干栏式建筑（以树干为栏的木阁楼）演变而来的。通常来说，在建筑形制上，

1. 滕王阁全景
2. 雕梁画栋
3. 弥勒佛青铜佛像
4. 木质结构

“楼”与“阁”是很难明确区分的，所以人们常常将两个字连用，称“楼阁”。

俗话说“平地起高楼”，“楼”其实是没有底座的，而“阁”却是带有底座的，即在四周设隔扇或栏杆回廊。“楼”与“阁”最明显的区别在于使用功能上的不同：“楼”的用途十分广泛，而“阁”一般用于藏书、供佛、游憩、远眺等，如宁波天一阁是藏书阁，颐和园的佛香阁是佛阁。滕王阁背城临江、雄踞高冈，当初建造它主要是为了游憩远眺、娱乐歌舞，再加上其底部有 12 米高的台座，具有明显的“阁”的特点，所以命名为“阁”。相比之下，黄鹤楼、岳阳楼当初建造时都是出于军事需要，而且建筑风格都比较厚重，所以称为“楼”。

35

天心阁

坐标：湖南省长沙市

别名：天星阁

年代：始建于明末

荣誉：国家 AAAA 级旅游景区

景观：月城、崇烈亭、古城墙

天心阁位于湖南省长沙市，是古城长沙的地标建筑，曾是古人观测星象、祭祀天神的地方。然而，谁也想不到，这座古阁后来却成为守护长沙的一个重要军事要塞。

◎“天心阁”的名称由来和文化渊源

天心阁原名“天星阁”。按照古时的星宿分野，天星阁所在位置正好对应天上的“长沙星”。当时的星象学者认为这里地脉高耸，是文运昌隆的吉兆，于是修建了一座楼阁，命名为“天星阁”，与“文昌阁”相配，以应吉兆。天星阁建成后，人们在这里观测星象、祭祀天神，祈求辟邪消灾、福运降临。

清乾隆年间，抚军杨锡被主持重修天星阁，援引《尚书》“咸有一德，克享天心”之意，将天星阁改名为“天心阁”。后来，城南书院搬迁到天心阁城墙下，天心阁成为与城南书院相对应的文化祭祀场所，阁中供奉着文昌帝君、魁星两尊神像，以保长沙文运昌盛。这个时期，前来拜祭的文人墨客很多，他们时常在此登阁远眺、

1

2 | 3

1. 城墙内风光
2. 古城墙
3. 古炮

吟诗作赋，很多作品留存至今。其中最著名的是明代李东阳所写的“水陆洲，洲系舟，舟动洲不动；天心阁，阁栖鸽，鸽飞阁不飞”以及清代大学者黄兆枚所写的“四面云山皆入眼，万家烟火总关心”。

◎ 阴差阳错成为军事要塞

天心阁坐落在 30 多米高的城垣之上，占据了长沙城区的最高地势，登上此处全城美景尽收眼底，有“高阁插云”“麓屏耸翠”“疏树含烟”“池塘夕照”四景相随，美不胜收。

正是由于这里地势高，不管是攻是守，都属军事要地，所以成了历来兵家的必争之地。太平天国时期，西王萧朝贵率军攻打长沙就是从天心阁进攻的，城墙上至今还留有当年的炮击痕迹。

天心阁远景

清光绪三十一年（1905年），在日本的孙中山、黄兴派遣同盟会会员陈家鼎回到湖南组织同盟会开展革命，当时的秘密联络点就设在天心阁中。

◎浴火重生的天心阁

建成后的300多年里，天心阁曾屡遭战乱，在1938年长沙“文夕大火”中更是被烧为一片废墟。

现在的天心阁是1984年重建的。重建的天心阁具备明清两朝城楼的风格，高阁用游廊连接，如山峦起伏蜿蜒一般。整座天心阁气势雄浑，色调厚重，风格古朴，韵味无穷。

重建时没有采用斗拱结构，而是采用挑梁结构，将3层阁用46根红漆圆柱支撑，梁柱结合，敦实稳重。在细节设计上也十分考究：栗瓦粉墙，灰白石基，32只龙首托起翼角，翘首蓝天；32只风马铜铃迎风作响，各具特色；62头石狮神态各异，栩栩如生；巨型龙吻神态各异。

36

妙应寺白塔

坐标：北京市西城区

别名：灵通万寿宝塔

年代：始建于元至元八年（1271 年）

荣誉：全国重点文物保护单位

景观：善因殿

妙应寺白塔位于北京市西城区，是我国现存最早、规模最大的一座藏式佛塔，也是元大都保留至今的重要标志性建筑。

◎藏式佛塔

妙应寺白塔位于北京市西城区的妙应寺内，因塔身通体白色，故称“白塔”。妙应寺也因此被俗称为“白塔寺”。

妙应寺白塔始建于元至元八年（1271 年），元世祖当时想要迎释迦佛舍利入大都，便下令修建了这座佛塔，塔身通体呈白色。白塔建成后，又修建了一座规模宏大的寺院，当时称“大圣寿万安寺”。明洪武元年（1368 年），一场雷火烧毁了整座寺院，仅白塔得以幸免，并保存至今。明宣德八年（1433 年），寺院被重建，改名为“妙应寺”。清康熙、乾隆年间，又先后几次对妙应寺进行修葺。

妙应寺白塔具有典型的西域风格，其形制模仿西域的窣堵波，由台基、塔身、相轮、华盖、塔刹组成。

◎一个不为人知的用途

其实，妙应寺白塔曾经还有一个用途——全城警戒。

刚建成时，白塔是当时元大都的最高点。在白塔下的善因殿设置有5根刹竿，即“五虎号杆”。五虎号杆上分别悬挂白、青、红、黑、黄五色龙旗或灯笼，白、青、红、黑分别代表东、西、南、北四个方向。在五虎号杆下设有5个炮台，即“五虎炮台”，也称“白塔炮台”。

当时，在北京城的内九门也设了5根旗杆和5处炮台。旗杆上白天悬挂龙旗，晚上悬挂灯笼。遇到紧急情况时，以炮声为号，旗杆上悬挂的龙旗和灯笼用来指示方位。若有一处炮台预警，别处紧接着也会纷纷响应。炮声响起后，官兵便会立即出动，保卫京城的安全。

1 | 2
1. 七佛宝殿
2. 寺内白塔

妙应寺全景

释迦塔

坐标：山西省朔州市

别名：佛宫寺释迦塔、应县木塔

年代：建于辽清宁二年（1056 年）

荣誉：全国重点文物保护单位，国家 AAAA 级旅游景区，世界三大奇塔之一

景观：莲花台下八力士

释迦塔位于山西省朔州市，是中国现存最早、最高的一座木结构塔式建筑，也是吉尼斯世界纪录认定的世界最高木塔，与意大利比萨斜塔、巴黎埃菲尔铁塔并称为“世界三大奇塔”。

◎ 释迦塔的建筑结构

释迦塔坐落在山西省朔州市应县的佛宫寺内，全称“佛宫寺释迦塔”，俗称“应县木塔”。

释迦塔呈平面八角形，共五层六檐，第一层为立面重檐，上面几层均为单檐，每两层之间设有一个暗夹层，所以实际上共有 9 层。塔顶为八角攒尖式，上面立有铁刹。每层塔檐下都装有风铃，风吹过时叮当作响。

在设计风格上，释迦塔广泛采用斗拱结构，沿袭了汉、唐以来颇具民族特色的重楼形式。全塔共使用了 54 种斗拱，是中国古建筑中使用斗拱种类最多、造型设计最精妙的建筑，堪称“斗拱博物馆”。

精妙的斗拱结构

◎ 释迦塔千年不倒之谜

释迦塔建成至今近千年，不但经受了温差变化、风吹雨打，还经历过多次地震袭击，然而却始终屹立不倒，这是什么原因造成的呢？

为解开释迦塔千年不倒之谜，很多学者进行了研究探索。中国工程院院士叶可明、江欢成认为，释迦塔能屹立千年不倒，主要原因在于结构力学。

在整体结构上，释迦塔采用两个八角形结构，且内外相套，将平面分为内槽和外槽两个部分。内槽用于供奉佛像，外槽用于人员活动。内槽和外槽之间，分别有地袱、阑额、普柏枋和梁、枋等纵向横向相连接，由此构成了双层套桶式结构，这种结构刚性很强，具有极强的抗倒伏性能。同时，释迦塔每两层之间都设有一个暗夹层，后来历代修缮时人们在夹层中又增加了许多斜撑，形成了类似于现代的框架构层，提升了塔身的稳固性和抗震性。此外，塔身上大量使用的斗拱也具有极强的抗震作用。斗拱可以将梁、枋、柱连成一体，且不是刚性连接，所以在受到大风、地震等水平力作用时，各个部件之间会产生一定的位移和摩擦，从而吸收和损耗部分能量，起到调整变形的作用。

除了结构力学的理论，地质学家也从专业的角度进行了解释。释迦塔所处的位置地质条件非常好，基土主要是黏土和砂类，承载能力很强，完全不存在因“底虚”而倾倒或者坍塌的可能。

生物学家们则从另外的角度进行了补充。原来，在释迦塔上居住着大量麻燕，它们千百年来不停地消灭木塔中的蛀虫，使得木塔始终坚固无比，所以人们将这些麻燕称为“护塔卫士”。

1. “浮图宝刹”牌坊
2. 释迦塔全景

38

大雁塔

坐标：陕西省西安市

别名：慈恩寺塔、雁塔

年代：建于唐永徽三年（652 年）

荣誉：全国重点文物保护单位，世界文化遗产

景观：莲花藻井

大雁塔位于陕西省西安市，是中国现存最早、规模最大的唐代四方楼阁式砖塔。作为佛塔这种古印度佛寺的建筑形式随佛教传入中原，并与华夏文化相融合的典范，大雁塔是凝聚了中国古代劳动人民智慧结晶的标志性建筑。

◎ 因寺建塔

唐朝玄奘法师从天竺取经归来，居住于西安大慈恩寺，住持寺务，翻译佛经。他提出“恐人代不常，经本散失，兼防火难”，于唐永徽三年（652 年）三月附图表上奏，要在大慈恩寺正门外建造一座高 30 丈（约 100 米）的浮屠（佛塔），用于安置佛像、经文和舍利。唐高宗认为建造 30 丈的佛塔工程太过浩大，便以“不愿法师辛劳”为由，下令由朝廷资助在大慈恩寺西院建造一座 5 层砖塔。

砖塔由玄奘法师亲自主持修建，历时两年建成，一开始起名为“雁塔”。后来，长安荐福寺内修建了一座规模较小的雁塔。为避免混淆，人们便将大慈恩寺内的雁塔称为“大雁塔”，荐福寺内的雁塔改称为“小雁塔”。因大雁塔坐落在大慈恩寺内，所以又被称为“慈恩寺塔”。

大雁塔台基高 5 米，平面呈方形，为 7 层砖面土心结构，仿西域窣堵波的形制。塔的底层四面都有石门，门楣上装饰有精美的线刻佛像，据传为唐代大画家阎立本所画。塔内有楼梯，沿着楼梯可盘旋而上。每层塔的四面都各有一个拱券门洞，可站在塔上凭栏远眺。

◎以“雁”为塔名的缘故

在玄奘所著的《大唐西域记》中，记载着他在天竺时听到的一个传说：

相传很久以前，位于今印度比哈尔邦南部的摩揭陀国有一个寺院，里面的和尚信奉小乘佛教，可吃三净肉（指没有看见、没有听说、没有怀疑是为了自己而杀死

大雁塔全景

1. 佛塔林
2. 大雁塔远景
3. 佛像雕塑

的动物的肉）。有一天，空中飞过一群大雁，有个和尚抬头看了一眼，随口说道：“看来菩萨也知道我们今天没有东西吃了！”刚说完，就有一只大雁从空中坠落下来，死在他面前。这个和尚非常惊讶，将这件事告诉了其他和尚，大家一致认为这是菩萨在教化他们，于是就在大雁坠落的地方建了一座塔，取名“雁塔”，并举行了隆重的葬雁仪式。

玄奘经过天竺时，曾瞻仰过这座雁塔。回到长安后，他便在大慈恩寺建造了一座仿天竺雁塔形式的砖塔，沿袭天竺塔之名，也取名为“雁塔”，用于存放从天竺带回的经书、佛像、舍利。

蓬莱阁

坐标：山东省蓬莱市

别名：无

年代：建于宋嘉祐六年（1061 年）

荣誉：全国重点文物保护单位，国家重点风景名胜区，国家 AAAAA 级旅游景区

景观：三清殿、天后宫、海市蜃楼

蓬莱阁位于山东省蓬莱市，是由吕祖殿、三清殿、蓬莱阁、天后宫、弥陀寺等建筑组成的古建筑群。蓬莱阁凝聚着先民智慧和艺术结晶，有关于“八仙过海”的传说，素有“人间仙境”之称。

◎ 蓬莱阁

蓬莱阁、岳阳楼、黄鹤楼、滕王阁并称为“中国四大名楼”。很多人觉得，与其他三座名楼相比，蓬莱阁在建筑规模上要逊色很多，其实它的小巧精致恰恰体现了建造者的巧妙构思。另外三座名楼都地处江湖之滨，地势平缓，必须建造得高大才能彰显出巍峨气势；而蓬莱阁坐落在丹崖山上，本身已具备了得天独厚的天然高度，若建得太过高大，反而会显得不协调。

在建筑风格上，蓬莱阁大气庄重、自然古朴，与整个园林相得益彰。值得一提的是，在四大名楼中，蓬莱阁是唯一历经近千年风雨洗礼却没有经过重建，至今依然保持原貌的楼。

蓬莱仙境

◎天后宫

天后宫位于蓬莱阁“丹崖仙境”牌楼的正后方，是一座四进院落，从南向北依次为正门、钟鼓楼、戏楼、前殿、垂花门、东西庑、正殿和东西耳房、后殿。

蓬莱阁八仙过海图

天后宫始建于宋崇宁年间，起初庙额为“灵祥”二字。据说，宋宣和四年（1122 年），时任给事中的路允迪奉命出使高丽，途中遭遇大风，出行的 8 艘船沉了 7 艘，后路允迪得妈祖庇护得以顺利乘船抵达高丽。路允迪回来后将此事上奏，皇帝下诏扩建天后宫，规模达 48 间，使其成为我国北方规模最大的一座天后宫。后来，一场大火焚毁了天后宫，人们重修天后宫时，将“灵祥”二字改为“显灵”。

蓬莱阁古建筑群

文峰塔

坐标：河南省安阳市

别名：天宁寺塔

年代：始建于五代后周广顺二年（952 年）

荣誉：全国重点文物保护单位

景观：佛教故事砖雕

文峰塔位于河南省安阳市，是一座非常独特的塔，最典型的特点是呈伞状结构，上大下小，其形制在中国古代建筑史上非常罕见。

◎“文峰耸秀”

文峰塔位于安阳天宁寺内，始建于五代后周广顺二年（952年），原名“天宁寺塔”。清乾隆三十七年（1772年），彰德知府黄邦宁主持重修天宁寺及天宁寺塔。黄邦宁认为，天宁寺塔与南边的孔庙遥相呼应，两者皆可以代表古城的文化高峰，于是便在塔门的横额上写下“文峰耸秀”4个大字，天宁寺塔由此得“文峰塔”之名，并沿用至今。

◎独特的文峰塔

文峰塔非常独特，具有3个与众不同的特点：

首先，形制独特。塔为砖木结构，由塔基、塔身、塔刹3部分组成，每个部分

独特五层八面结构

的风格完全不同。塔基是一个圆形的莲花座，共 7 层螺髻状的莲瓣，上下交错，向外舒展。塔身为八角形，第一层比较高大，上面几层则比较低矮，从下往上每一层的直径逐层增大，上檐水滴不到下檐，是典型的辽式建筑风格。塔刹呈葫芦状，是典型的藏式建筑风格。在国内外建筑史上，形制风格如此混搭的古塔，非常罕见。

佛教故事砖雕

其次，塔呈伞状，上大下小。一般来说，塔都是上面小下面大，这也是出于建筑稳固性的考虑。而文峰塔却恰好相反，看起来就像倒立的一样。这种结构在全国也是独一无二的。

最后，塔“倒而不倒”。文峰塔看起来像倒立的，却能屹立千年。众所周知，安阳位于华北平原地震带上，地震频发，仅 19 世纪就发生过两次大地震，当时城内的城墙、路桥、民房纷纷倒塌，唯独文峰塔安然无恙，令人称奇。

◎ 为什么全国各地有很多“文峰塔”？

据记载，历史上全国有几十座文峰塔，仅河南就有 6 座——洛阳文峰塔、安阳文峰塔、禹州文峰塔、许昌文峰塔、南阳文峰塔、宝丰文峰塔。为什么这些塔都叫“文峰塔”呢？

“文峰塔”之名，主要源于建塔目的。当时人们修建文峰塔主要出于 3 个目的：一是和科举有关，寓意科举高中；二是和风水有关，建造文峰塔以弥补风水上的缺陷；三是装饰作用，高大的文峰塔可以起到地标作用。

正因如此，文峰塔建好后大都无人居住、无人管理，加上历经风雨而年久失修，大多数都没落了。如今，除了一些名气较大的文峰塔被保存下来之外，很多文峰塔都消失了，有的甚至都没有任何记载。

41

铁塔

坐标： 河南省开封市

别名： 开宝寺塔

年代： 始建于北宋皇祐元年（1049 年）

荣誉： 国家重点保护文物，国家 AAAA 级旅游景区

景观： 塔身琉璃浮雕

铁塔位于河南省开封市，因塔身使用的是褐色的琉璃砖，看上去如同铁铸一般，故得此名。又因所在地曾为开宝寺，所以也被称为“开宝寺塔”。

◎ “天下第一塔”

铁塔始建于北宋时期，高 55.88 米，是河南宋代砖塔的代表，也是中国现存最高的琉璃塔，被称为“天下第一塔”。

铁塔为等边八角形，共 13 层。据《开封府志》记载：当时塔基周围有一座八棱水池，铁塔位于水池正中，池水非常清澈，远远看去铁塔就像是一朵破水而出的擎天芙蓉。水池北面有一座拱桥，通过拱桥可以进入塔内。

铁塔底层每边宽 4.15 米，由下往上宽度逐层变小，塔顶如同一个盖子，塔刹像一只花瓶。塔体为琉璃砖，上面有佛像、菩萨像、罗汉像等图案，精工细刻，栩栩如生，代表了宋代琉璃砖雕艺术的较高水平。这些花饰图案大多是北宋时期的原物，只有少数是明朝后补的，是研究宋朝砖雕艺术的珍贵资料。

1 | 2

1. 琉璃浮雕

2. 独特的铁塔

铁塔底层有四个门，分布于四面，门头呈“圭”字形，既美观大方，又符合力学原理。上面每一层也各有四个窗，但只有一个是真窗，其余三个都是装饰。真窗的排列很有规律，如果把每一层的真窗用一条线连起来，正好就是一条绕着塔身向上延伸的螺旋形曲线。为什么会这样呢？原来，铁塔内部采用的是螺旋式的磴道结构，每一层真窗的位置正好是磴道的起点或终点，如此一层一层往上便形成了一条螺旋向上的曲线，可谓别出心裁。从力学原理来看，螺旋式磴道结构最大的优点是坚固、稳定，因为它将塔心和外壁连接得非常紧密，从而大大提高了铁塔的抗震能力。

◎ 铁塔的建造艺术

铁塔具有很高的科技含量。铁塔的前身为木塔，因遭雷击而焚毁，所以重建选取材料时，人们吸收了教训，选用的是绝缘、不导电的琉璃砖，从而避免了雷击伤害。加上琉璃砖非常坚固、抗压强度高，所以铁塔的坚固性非常好。在塔门的设计上，也是别具匠心，门头呈“圭”字形，上尖下方，并用五层云纹砖逐层收压，看上去就像佛龛一样，可谓稳固和美观兼具。

远远望去，铁塔通体呈褐色，如铁打铜铸一般，塔身比例协调，匀称大方。走近细看，塔身遍布琉璃浮雕，每一块都雕琢得精妙细致、栩栩如生。可以说，铁塔是中国建筑艺术史上一件不可多得的艺术珍品。

42

雷峰塔

坐标：浙江省杭州市

别名：皇妃塔、西关砖塔

年代：始建于北宋太平兴国二年（977 年）

荣誉：国家 AAAA 级旅游景区

景观：雷峰夕照

雷峰塔位于浙江省杭州市，因民间故事《白蛇传》而闻名天下。旧雷峰塔始建于北宋时期，于 1924 年倒塌，现在所见到的雷峰塔是后来新建的，是我国首座彩色铜雕宝塔。

◎ “雷峰塔”名称由来

雷峰塔坐落于西湖南岸夕照山，又名皇妃塔、西关砖塔，始建于北宋太平兴国二年（977 年），由吴越忠懿王钱弘俶修建，主要是为供奉“佛螺髻发”舍利。塔建成之时，恰逢北宋追谥钱弘俶逝去不久的夫人孙氏为“皇妃”，便将该塔命名为“皇妃塔”。

后来，因其所在山峰为“雷峰”，民间将其称为“雷峰塔”，并一直沿用至今，其本名“皇妃塔”反而很少有人知道了。

关于“雷峰”一名的由来，《淳祐临安志》中记载：因旧有郡人雷在此筑庵居住，故此山峰得名“雷峰”。此外，还有一种说法：此山峰最初名为“中峰”，又称“回峰”，

1 | 2
3 | 4

1. 建筑细节
2. 南无阿弥陀佛墙
3. 雷峰夕照
4. 远望雷峰塔

因“回”字当时写作“雷”，后人便将此峰误写作“雷峰”，如此一错，沿用至今。

◎雷峰新塔

民间故事《白蛇传》中提到：许仙被法海骗到金山，白素贞水漫金山，触犯天条，被镇压在雷峰塔下。后来，小青闭关苦练，法力大增，终于打败法海，击碎雷峰塔，救出白素贞。

民间传说不足为信，但雷峰塔确实在 1924 年倒塌了。现在的雷峰塔，是在旧塔遗址上重建的。

新建雷峰塔时，完全按照南宋初年重修时的大小、设计、风格而造。新塔主体由台基、塔身、塔刹三部分组成，塔身高 49.17 米，塔刹高 18.25 米。从上至下分别是塔刹、天宫、五层、四层、三层、二层、暗层、底层、台基二层、台基底层。台基对旧塔遗址起到保护罩的作用，地平线以下台基高 9.8 米。

雷峰塔台基共两层，平面呈八角形，台基以上是塔身，周边装饰着汉白玉栏杆。塔身保留了宋时雷峰塔的形制风格，采用的是旧塔的平面八角形楼阁式形制，从外面看起来是一座八面五层的楼阁式塔。实际上，内部共有 6 层，因为第一层内部分为上下两层。各层屋面都用铜瓦覆盖，每个转角处都设有铜斗拱，飞檐翘角下悬挂着铜质风铎，别有情致。在塔的外围，二层以上都设有外挑平座，平座外沿绕塔一周设有栏杆，形成檐廊，便于游人登塔游览。站在五层檐廊，可将西湖美景尽收眼底。

鸟瞰雷峰塔

43

六和塔

坐标：浙江省杭州市

别名：六合塔

年代：始建于北宋开宝三年（970 年）

荣誉：全国重点文物保护单位

景观：观潮

六和塔位于浙江省杭州市，始建于北宋时期，取佛教“六和敬”之义，命名为六和塔，是中国现存最完好的砖木结构古塔之一。

◎以塔“镇”江

六和塔位于西湖以南、钱塘江以北的月轮山上，又名六合塔。关于其名称的由来，主要有三种说法：一种说法是，出自道教的“六合”，即天、地、东、南、西、北，寓意天地四方。另一种说法是，出自佛教中的“六和敬”，即“身和同住，口和无诤，意和同悦，戒和同修，见和同解，利和同均”。还有一种说法是，出自《晋书·五行志》中的“六气和则沴疾不生，盖寓修德祈年之意”。无论哪种说法，都寓意着国泰民安、消灾祈福，寄托了人们的美好期望。

六和塔虽为佛塔，但其建造缘由不是单纯为佛教意义而建。当初建造它的初衷主要是为了镇伏汹涌的钱塘江潮，这在《咸淳临安志》中有记载：“智觉禅师延寿始于钱氏南果园开山建塔，因地造寺，以镇江潮，塔高九级，五十余丈，内藏佛舍利。”

江边风光

据传，六和塔建成后，多年来一直“作孽”的钱塘江潮真的被镇住了，不再汹涌肆虐，沿岸老百姓再也不用担心害怕了。

除了镇伏江潮，六和塔还有另一个重要功能，那就是照引指航，充当灯塔。当时钱塘江水流湍急，江面上来往船只众多，碰撞翻船事故经常发生。六和塔建成后，高耸于钱塘江畔，每当夜幕来临，塔顶明灯照射着江面，为来往的船只照明方向、指引航路。

◎六和塔的建筑结构

六和塔刚建好时塔顶装有塔灯，为夜航的船舶指引方向。后来，由于朝代更替、战乱匪盗等原因，六和塔多次被毁，我们现在所看到的六和塔塔身是南宋绍兴二十六年（1156年）重建的，全部为砖木结构，外部木檐是清光绪二十六年（1900年）改建的。

六和塔实际只有7层，但从外部看却有13层。原来，外部的每两层实际上只是内部的一层。在六和塔内部，每一层中间都有一间小室，小室外面是廊道，沿着螺旋而上的阶梯往上走，可到达顶层。塔内设有各级须弥座，座上雕刻着神人、飞天、鸟兽、鱼虫、花卉等图案，雕工精美。在每层塔的飞檐翘角上都挂有铁铃，有风吹过时叮当作响，悦耳动听。

六和塔历经千年，至今仍基本保持着初建时的风貌，比例协调，大气优美，堪称我国古代建筑艺术的杰作。

六和塔全景

烟雨蒙蒙中的六和塔

第四章

古刹道观

宗教建筑是有灵魂的，置身其中，人们往往能感受到强大的精神力量。

44

雍和宫

坐标： 北京市东城区

别名： 雍亲王府

年代： 始建于清康熙三十三年（1694 年）

荣誉： 全国重点文物保护单位，北京现存规模最大的藏传佛教寺院，清朝中后期全国规格最高的佛教寺院

景观： 雍和宫殿、法轮殿、昭泰门、天王殿

雍和宫位于北京市东城区，是北京现存规模最大的藏传佛教寺院，一直以来都是礼佛圣地，香火鼎盛，每天都有众多游客慕名而来，烧香拜佛，祈福请愿。

◎雍和宫曾是一座“贝勒府”

雍和宫一直是北京香火最旺的寺庙。其实它原本并不是一座寺庙，而是一座贝勒府。清康熙三十三年（1694 年），康熙皇帝命人在北京东北角建了一座府邸，赐予皇四子胤禛，当时称“四爷府”或“贝勒府”。后来，胤禛被封为雍亲王，这里便改称“雍亲王府”，乾隆皇帝就出生在这里。因此处先后居住过雍正、乾隆两位皇帝，所以世人都认为它是“龙潜福地”。

雍正皇帝即位后，将府邸的一半改建为行宫，另外一半改为黄教上院。后来行宫被大火焚毁，清雍正三年（1725 年），雍正皇帝将黄教上院改为行宫，赐名“雍和宫”。

因雍和宫为“龙潜福地”，故雍正皇帝驾崩后，此处不再赐给他人。清乾隆九年（1744 年），乾隆皇帝下令将此处改建为一座喇嘛庙（藏传佛教寺庙），成为当

雍和宫全景

时全国藏传佛教事务的中心。

◎ 清末规格最高的佛教寺院

雍和宫是清朝中后期全国规格最高的一座佛教寺院，建筑风格独树一帜，融满族、汉族、蒙古族等建筑艺术于一体。整座寺庙分为中、东、西三路，中路是中轴线，由七进院落、五层殿堂组成，主要包括牌楼院、昭泰门、天王殿、雍和宫殿、永佑殿等，东路和西路建筑则是各种配殿、配楼。

雍和宫前身是王府、行宫，属中国北方庭院式建筑，所以整座建筑自然有与之对应的等级和规格。按照清制，王府规模在100亩之内，所以雍和宫的前身雍亲王府面积约100亩，合计6.6万多平方米。因后来东书院被大火焚毁，雍和宫现在的开放面积仅3万多平方米。

◎ 银安殿殿顶和门钉

根据清朝制度，王府的正房称为殿，房顶覆盖绿色琉璃瓦。当时雍和宫正殿称“银安殿”，殿顶按规定覆盖绿色琉璃瓦。雍正皇帝去世后，灵柩停于此处，为彰显皇家尊贵，乾隆皇帝下令将殿顶的绿色琉璃瓦全部改换为黄色琉璃瓦。

清朝等级制度非常严格，连王府大门上的门钉都有明确规定。据《大清会典》记载：“凡皇宫和行宫，包括祭坛、陵寝的大门之上可列金钉，纵横各九。”也就是说，王府大门上的门钉为“纵九横七”，合计 63 颗钉。而雍和宫因曾做过雍正皇帝的行宫，所以其正殿大门上纵横各九，共排列了 81 颗钉。

1. 供奉的黄帽喇嘛塑像

2. 辟雍殿

45

白云观

坐标： 北京市西城区

别名： 天长观、十方大天长观、太极宫、长春宫

年代： 初建于唐开元二十七年（739 年）

荣誉： 第五批全国重点文物保护单位，北京市文物保护单位

景观： 灵官殿、玉皇殿、老律堂

白云观位于北京市西城区，初建于唐玄宗时期，是为奉祀老子而建的圣地。观内收藏着许多珍贵文物，最珍贵的是明版《正统道藏》、唐石雕老子坐像、元代大书法家赵孟頫的《松雪道德经》石刻和《阴符经》附刻，世称“白云观三宝”。

◎ 白云观的历史

唐开元二十七年（739 年），唐玄宗下令修建白云观，最初命名为“天长观”。金大定七年（1167 年）重建；泰和三年（1203 年），改称“太极宫”。

白云观历来为道家圣地。元初，元太祖成吉思汗下诏，让道教全真派长春真人邱处机驻守太极宫，掌管全国道教，并将此处改称为长春宫，长春宫成为当时中国北方道教的中心。

明洪武二十七年（1394 年），长春宫在战乱中被毁，而白云观得以幸存。后在原白云观基础上重建前后二殿和一些附属建筑，正统年间又重建、添建，其规模逐渐趋于完善。明正统八年（1443 年），正式赐额“白云观”。明朝末年，白云观因

1
2 | 3

1. 三清阁和四御殿
2. 雕梁画栋的戒台
3. 白云观山门

一场大火被毁。

清康熙四十五年（1706 年），对白云观进行了大规模重修、扩建，我们现在见到的白云观整体布局和主要殿阁规制就形成于此时。

◎ 白云观山门

白云观坐北朝南，占地面积超过 1 万平方米，整体布局可分为中路、东路、西路、后院四个部分。观内的主要殿宇都位于中轴线上，包括山门、灵官殿、玉皇殿、老律堂、邱祖殿、三清阁等，东路、西路建筑则主要是一些配殿和廊庑。

山门建于明代，是石砌的三券拱门，三个门洞象征着“三界”，门上有汉白玉雕花，门前有石狮、华表等。门前神路的前端有棂星门，是四柱七楼的木质牌坊，正楼前额上书“洞天胜境”，后额上书“琼林阆苑”。

山门内是灵官殿，原为四帅殿，面阔三间、进深一间，里面供奉着王灵官像。灵官殿后面的方形二层建筑是钟鼓楼，东面是鼓楼，西面是钟楼，与其他寺观的布局正好相反。

◎ 三清阁和四御殿

三清阁和四御殿是两层阁楼，上层为三清阁，下层为四御殿，面阔五间，前出廊，是白云观中路北端的最高点。三清阁中供奉的是三位道教最高尊神——玉清原始天尊、上清灵宝天尊和太清道德天尊，四御殿中供奉的是天神界的四位大帝像。三清阁两侧由转角翼楼相连通，东面为藏经楼，西面为朝天楼，也称望月楼。藏经楼中原来收藏了明《正统道藏》和《万历续道藏》，后来移交给北京图书馆（现中国国家图书馆）。

铸铁香炉

46

悬空寺

坐标： 山西省大同市

别名： 玄空阁

年代： 始建于北魏晚期

荣誉： 山西省重点文物保护单位，恒山十八景中“第一胜景”

景观： 三教殿、三官殿

悬空寺位于山西省大同市，是中国现存的一座佛、道、儒三教合一的寺庙，以险峻著称，素有“悬空寺，半天高，三根马尾空中吊”的说法。

◎一座“悬空”而建的寺院

悬空寺原来叫“玄空阁”，“玄”字源自道教理论，而“空”字源自佛教理论。因整座寺院位于恒山金龙峡西侧翠屏峰的峭壁间，远看就像是悬挂在峭壁上一样，加上在汉语中“悬”与“玄”同音，所以后来人们便将“玄空阁”改称为“悬空寺”。

悬空寺面积仅为152.5平方米，共有40间殿宇楼阁，最高处距地面50余米。从远处看去，整座寺庙仅由十几根碗口粗的木桩支撑着，不由得让人胆战心惊，所以人们用“悬空寺，半天高，三根马尾空中吊”来形容它的险峻，非常贴切。

其实，十几根木桩根本承受不住整座寺庙，真正的受力支撑点在悬崖上坚硬的岩石里。据传，悬空寺刚建成时并没有那些木桩，人们看见它毫无支撑地悬挂在峭壁上，心生紧张，无人敢去。为了让人们放心地走上去，后来便在下面增加了一些

悬空寺北楼

木桩，其实木桩根本没有承载力，纯粹是为了一种视觉上的安慰。

◎悬空寺的建筑艺术

远远望去，悬空寺就像一幅镶嵌在悬崖峭壁上的浮雕，精致细腻；往近处看，悬空寺凌空欲飞，气势非凡。

从力学原理来看，悬空寺插飞梁为基，借岩石暗托，让梁柱上下一体、廊栏左右相连，坚固无比。在结构上，悬空寺为木质框架结构，在悬崖上凿洞为基，背靠绝壁，下临深谷，楼阁间用栈道相连，整座寺庙虽然规模不大，但构思巧妙，设计独特，让人赞叹。在格局分布上，悬空寺也很有特色，既讲究整体和对称，也注重分散和变换，整座建筑蜿蜒曲折，层次多变，错落有致。

不光是外部建筑独具特色，内部构造也是变化多端、心思巧妙、可圈可点，其表现形式既吸收融合了我国古代各种园林建筑的精粹，又兼顾了传统建筑格局的优势特点，令人称奇。从内部结构来看，有抬梁结构、平顶结构、斗拱结构；从屋檐

半壁悬空结构

样式来看，有单檐、重檐、三层檐；从屋顶样式来看，有正脊、垂脊、戗脊等。建筑者通过重叠搭配、巧妙穿插，建成了一座窟中有楼、楼中有穴的寺庙，形成“半壁楼殿半壁窟、窟连殿殿连楼”的独特风格。

恒山金龙峡全景

47

少林寺

坐标：河南省登封市

别名：陟岵寺、僧人寺

年代：始建于北魏太和十九年（495 年）

荣誉：世界文化遗产，全国重点文物保护单位，国家 AAAAA 级旅游景区

景观：千佛殿、塔林、钟楼和鼓楼、大雄宝殿

少林寺位于河南省登封市，被誉为“天下第一名刹”，是汉传佛教的禅宗祖庭。少林寺也是中国功夫的发源地，因少林武僧的功夫而名扬天下，世人赞誉“天下功夫出少林，少林功夫甲天下”。

◎ “天下第一名刹”

少林寺始建于北魏太和十九年（495 年），坐落在登封少室山的茂密丛林之中，故得名少林寺，又名陟岵寺、僧人寺，被誉为“禅宗祖庭”“天下第一名刹”，是世界著名的佛教寺院，也是少林功夫的发源地。

少林寺保存至今的建筑主要包括山门、客堂、达摩亭、白衣殿、地藏殿、千佛殿等。寺内保存着大量唐代以来的碑碣石刻，大都具有珍贵的历史文化价值，如《李世民碑》《武则天诗书碑》《戒坛铭》《少林寺碑》等。20 世纪 80 年代以后，少林寺被多次修缮。

1. 塔林
2. 寺庙建筑群
3. 少林寺夜景

◎ 钟楼和鼓楼

钟楼和鼓楼位于少林寺大雄宝殿两侧，东面为钟楼，西面为鼓楼，寺僧起居和佛事活动的信号是“晨钟暮鼓”。钟楼和鼓楼都是四层建筑，造型挺拔，高大巍峨。两座楼的原建筑1928 年被毁，现在我们所看到的是 20 世纪 90 年代根据原楼式样重建的。

钟楼前的碑刻是《皇帝嵩岳少林寺碑》，民间俗称《李世民碑》，刻于唐玄宗开元十六年（728 年）。石碑正面刻的是唐太宗李世民告谕少林寺上座寺主等人的教文，表彰了寺僧帮助平定王世充的赫赫战功，石碑背面刻的是李世民《赐少林寺柏谷庄御书碑记》，记述了十三棍僧救秦王的故事。电影《少林寺》便取材于此。

◎ 塔林

在少林寺院西面约 300 米处，有一座塔林，因塔种类繁多、高低不同、散布如林而得名。“塔”是印度古音“塔婆”的简称，指坟墓，所以此处是安葬少林寺高僧的墓地。塔内安放的一般是去世僧人的灵骨或衣钵。

按照佛制，只有名僧、高僧圆寂后才可设宫建塔、刻石纪志，以昭其功德、激励后人，所以塔林安葬的都是少林寺历代住持以及一些有成就、有贡献的僧人。塔的形制层级、高低大小也有讲究，除了受到不同朝代历史面貌、风尚规格的影响，还要根据僧人去世前的地位、成就、威望而定。

塔林占地面积1.4万多平方米，是我国现存规模最大的塔林，共有自隋以来各代墓塔232座。其中隋塔1座、唐塔1座、宋塔2座、金塔7座、元塔43座、明塔139座、清塔10座、当代塔2座，还有27座塔年代不详，另有35座残塔和塔基。

48

五台山

坐标：山西省忻州市

别名：无

年代：最早的寺庙建于东汉永平十一年（68 年）

荣誉：国家AAAAA级旅游景区，国家重点风景名胜区，国家地质公园，国家自然与文化双重遗产，中国佛教四大名山之一，世界五大佛教圣地之一

景观：南禅寺、佛光寺、显通寺、圆照寺、龙泉寺

五台山位于山西省忻州市，是中国佛教寺庙建筑最早的汇聚地之一，也是中国唯一一个青黄二庙共处的佛教圣地，是研究古代佛教建筑艺术不可多得的宝贵资料。

◎五台山的佛事发展

五台山是中国佛教名山，汇聚了大量寺庙建筑，寺庙中遍布雕塑、石刻、壁画、书法等，艺术价值极高。最早的寺庙建于东汉永平十一年（68 年），以后多个朝代都在此修建过寺庙，到唐代全盛时期寺庙超过 300 座。

台怀镇是五台山佛教活动和经济生活的中心，因为这里是寺庙最为集中的地方。在五台山众多寺庙建筑中，最知名的就是“五台山五大禅处”——显通寺（灵鹫寺）、塔院寺、菩萨顶、殊像寺和罗睺寺，还有中国现存最早的两座木结构建筑——佛光寺和南禅寺。

五台山是举世闻名的佛教圣地，与峨眉山、普陀山、九华山并称为“中国佛教四大名山”，因历史悠久、规模宏大而位居四大名山之首。

山顶夜景

◎ 青庙和黄庙共处

随着朝代更替、时间流逝，五台山很多寺庙建筑都被损毁了，现在保存下来比较完整的有 95 处，其中国家重点文物保护单位 6 处、省级重点文物保护单位 15 处，其余被列为县级重点文物保护单位。

五台山的佛教组织以寺庙为单位，寺庙按传承不同又分为两类：一类是青庙，为汉传佛教寺庙；另一类是黄庙，为藏传佛教寺庙。

青庙也称和尚庙，属于汉传佛教，庙中僧人大多为汉人，穿青灰色衣服，俗称“青衣僧”。五台山的寺庙大都是青庙，青庙又分为子孙庙和十方庙。

黄庙也称喇嘛庙，属于藏传佛教，信教喇嘛穿黄衣、戴黄帽，俗称“黄衣僧”。五台山藏传佛教都属于宗喀巴大师创立的格鲁派。黄庙大都是由青庙改建的，最早是从明朝永乐年间开始的。到了清朝，康熙皇帝下令将寿宁寺、罗睺寺、七佛寺、金刚窟、涌泉寺等 10 座青庙改为黄庙，将这些寺庙中的青衣僧改为黄衣僧，汉喇嘛由此产生。

1. 五台山寺庙群
2. 菩萨顶金色佛塔
3. 五爷庙

清真大寺

坐标：内蒙古自治区呼和浩特市

别名：无

年代：始建于清康熙三十二年（1693 年）

荣誉：呼和浩特市文物保护单位

景观：望月楼、礼拜大殿

呼和浩特清真大寺位于内蒙古自治区呼和浩特市，为穆斯林礼拜场所，是呼和浩特市年代最早、规模最大的一座寺院，故称“清真大寺”。

◎清真大寺的礼拜大殿

清真寺是穆斯林举行功课、活动、礼拜的场所，所以也叫礼拜寺。

呼和浩特清真大寺位于呼和浩特市旧城北门外，始建于清康熙三十二年（1693 年）。据《清真寺南北讲堂碑记》中记载：“自大清定鼎以来，建立多年。”最初的清真大寺比较简陋，面积狭小。到了清乾隆五十四年（1789 年），重修清真大寺。1923 年，回族信教群众又募捐重修清真大寺，其建筑规模达到 4000 平方米，形成我们如今所见到的规格。

清真大寺坐东朝西，正中的大门为朱红色，门额上的寺名“清真寺”和“国泰”“民安”几个大字都是阿拉伯文，门上装饰着各种图案。门殿屋顶是歇山式，前有廊檐，中开大门，两侧开便门。大门内正面是圣殿，庄严肃穆，此外还有讲堂、望月楼、

1. 望月楼晨光
2. “国泰”“民安”匾额

穆斯林浴室、海里凡学经堂、教长办公室、乡老会议室等。清真大寺具有浓郁的伊斯兰风情，寺内的装饰大多以各种植物为题材，纹样大多采用阿拉伯文、几何线纹。

走进寺门，大殿南北两侧有甬道通往寺院内。大殿南侧有一座碑亭，保存至今的有 6 块碑，其中最具研究价值的是《清重刻洪武御制回辉教百字号碑》和《重修绥远清真大寺碑》。

寺内的主体建筑是礼拜大殿，造型别致，殿门朝东，南北面宽 5 间。殿前檐下有 6 个砖柱，共五楹，正中是殿门，为三开拱形门。大殿前有月台，登上月台便进入大殿。只有男性穆斯林才能进入殿内参加各种宗教活动。

◎望月楼

望月楼是呼和浩特清真大寺中最著名的建筑。

望月楼建于 1933 年，高 33 米，呈平面六角形，六角攒尖顶，最大的特点是亭亭独立。每逢“斋月”，穆斯林们登上此处望月，望见初月后开斋或封斋，故称此楼为“望月楼”。望月楼共两层，下面是外露的望台，上面是一座六角凉亭，凉亭小巧精致，在亭上凭栏远眺，周围的美景一览无余。“望月楼”3 个大字位于楼的西面，是用汉语和阿拉伯文写的。

塔顶的月亮灯

50

武当山

坐标： 湖北省十堰市

别名： 太和山、谢罗山、参上山、仙室山

年代： 山上建筑始建于唐贞观年间

荣誉： 全国重点文物保护单位，世界文化遗产

景观： 金殿、太和宫、南岩宫、紫霄宫、复真观、玄岳门

武当山位于湖北省十堰市，是中国道教圣地。山上的古建筑群数量庞大、规划严密、主次有序、构造讲究、装饰精美，与自然万物和谐统一，其规模之大、规制之高，堪称中国道教建筑的典范。

◎ 皇室家庙

武当山是道教名山，历朝历代都将其当作皇室家庙来修建，山上的古建筑群始建于唐朝贞观年间，到明朝时达到鼎盛。武当山古建筑群按照真武修仙的故事统一布局，采用皇家建筑规制，营造“仙山琼阁”的意境，形成了“五里一庵十里宫，丹墙翠瓦望玲珑，楼台隐映金银气，林岫回环画镜中”的恢宏格局。

皇家在武当山共建有 33 组大建筑群，这些建筑群严格按典章制度修建，等级森严。其中等级最高的是天柱峰主殿“金殿”，传说这里是真武大帝坐镇指挥天下之地。金殿在整体规制上，采取皇家建筑法式统一布局，规模庞大，主题鲜明，气势恢宏。金殿颜色为黄色，采用了重檐庑殿、九踩斗拱的形式，这是中国古代建筑的最高规格，

鸟瞰武当山古建筑群

一般只有皇帝才能使用。

天柱峰金殿也是整个武当山古建筑群的中心，以官道和古神道为轴线向东南西北四方辐射，往东 35 千米至界山寺，往南 25 千米至盐池河佑圣观，往西 50 千米至白浪黑龙庙，往北 80 千米至响水河旁石牌坊。

大型道宫也属于皇家规制，主殿采用的是单檐歇山或重檐歇山，上檐七踩斗拱，下檐五踩斗拱，彩绘梁栋，天花藻井，富丽堂皇。

皇家建筑特别讲究“皇权中轴”，在建筑组合上注重主轴线。如玉虚宫几乎完全按皇家宫殿建筑“三朝五门”的模式建造，与故宫十分相似，不但设有外罗城、紫禁城、内罗城 3 道城墙，还按天子礼仪设有 5 道门。

◎ 武当山古建筑群的艺术之美

武当山古建筑群规模大、类型多、用材广，无论是设计、构造，还是陈设、装饰，都具备极高的艺术价值。山上的建筑群由历代皇帝下旨修建，并派专人管理，建筑规模之大、规格之高、构造之严谨、装饰之精美、神像供器之众多，在中国现存道教建筑中是首屈一指的。

武当山古建筑群坐落在沟壑纵横、风景如画的武当山麓，在明朝时期逐渐形成规模。整个古建筑群有恢宏壮美的自然风光作为背景，又汇聚了元、明、清三代建筑艺术的成就和典范，是见证中国古建筑美学不可多得的宝贵资料，也是研究明朝政治和中国道教历史的重要实物。

武当山紫云寺

51

光孝寺

坐标： 广东省广州市

别名： 制止寺、王园寺、乾明法性寺、乾亨寺、万寿禅寺、报恩广孝寺

年代： 建于三国时期

荣誉： 全国重点文物保护单位

景观： 大雄宝殿、风幡堂

光孝寺位于广东省广州市，是岭南现存规模最大、年代最早的一座寺庙，在中国佛教史上具有十分重要的地位。民间素有“未有羊城，先有光孝”的说法。

◎颇具规模的古建筑群

光孝寺是一座古建筑群，规模宏大，布局严谨，庙宇壮观，历史悠久，文物众多，不少都是珍贵的佛教遗迹遗物。其中，大雄宝殿建于东晋，洗钵泉建于南朝，瘗发塔、石经幢建于唐朝，千佛铁塔建于南汉，六祖殿、睡佛阁以及很多碑刻、佛像、诃子树、菩提树等建于宋朝、明朝时期。

光孝寺作为岭南地区规模最大的寺庙，在中国佛教历史上具有举足轻重的地位，在建筑技术和风格上也开创了华南佛教建筑的先河。整座建筑气势雄伟、威严壮丽、特点鲜明，保留着唐宋时期的风格。

◎ 大雄宝殿

大雄宝殿是光孝寺的主体建筑，始建于东晋隆安五年（401 年），由昙摩耶舍修建，在唐朝时重修。清顺治十一年（1654 年），扩建为七开间规模，宽 35.36 米、进深 24.8 米。虽历经多次修缮，但至今仍基本保持着唐宋时的建筑风格，既雄伟壮丽，又古朴精致。

大雄宝殿的殿顶是重檐歇山顶式，屋顶装饰着龙、石兽、人像等，屋檐平缓修长，四周围着石栏杆，殿内的支撑大梁是棱形柱，中间粗上下窄。整座大殿最巧妙之处在于，下檐斗拱的设计不但充分体现了唐宋木结构建筑的独特风格，还很好地分担了屋顶的重量，使整座建筑的稳定性、坚固性大大增强。这种建筑艺术处理方

1. 泰佛殿
2. 飞檐上的龙塑
3. 洗钵泉

法，在中国古建筑中是绝无仅有的，对岭南地区的很多寺院建筑都产生了影响。

从宋朝开始，大雄宝殿正中供奉着释迦牟尼佛、阿弥陀佛和弥勒佛三尊大佛。中华人民共和国成立后不久，人们在这三尊佛肚中发现了大批罗汉木像，雕刻精美，栩栩如生，是珍贵的唐宋木雕精品。

大雄宝殿的东西两侧各有一座铁塔。东面铁塔是我国现存最早、体积最大、保存最完整的铁铸佛塔，建于五代时期南汉大宝十年（967 年），七层四角，每一层都刻满了佛像、飞天等纹饰，通体贴金，所以又被称为“涂金千佛塔”。西面铁塔建于南汉大宝六年（963 年），比东面铁塔早 4 年，原来共 4 层，现在保存下来的只有 3 层，因为最上面一层在清朝末年被倒塌的房屋压崩了。

第五章

神圣教堂

传教士带来了他们的宗教信仰，同时也带来了他们的建筑文化。

52

徐家汇天主堂

坐标： 上海市徐汇区

别名： 天主之母堂、圣依纳爵堂

年代： 清光绪三十二年（1906 年）动土兴建，清宣统二年（1910 年）落成

荣誉： 全国重点文物保护单位，中国 20 世纪建筑遗产

景观： 哥特式尖拱、彩色玻璃门窗

徐家汇天主堂名为“圣依纳爵堂”，位于上海市徐汇区，是天主教上海教区的主教座堂，是一座哥特式风格的建筑。

◎ “远东第一大教堂”的沧桑历史

17 世纪初，西方传教士进入上海。清咸丰七年（1857 年），上海一带的教友数量增多，原本的老教堂只能容纳 200 余人，已不能满足需求。耶稣会南格禄会长后来在徐家汇修建一座新堂，到清宣统二年（1910 年）建成。新建的教堂规模宏伟，装饰华丽，当时被誉为“远东第一大教堂”。

1979年，天主教上海教区对徐家汇天主堂进行了修复。当年11月，教堂举行了修复后的第一次弥撒。1982年8月，两座重13吨的新十字铁塔架被重新安装在钟楼上。

徐家汇天主堂全景

教堂内部

◎ 建筑格局

徐家汇天主堂是中世纪哥特式建筑，坐西朝东，平面呈长“十”字形，两侧建有钟楼。

教堂的双尖顶为砖石结构，尖顶上有两个“十”字。教堂正中间是盘形浮雕，华丽繁复，远远看上去就像是罗马钟表。教堂穹顶铺有石墨瓦，装饰有很多圣子、天主的石雕。墙体使用的是清一色的红砖，用花岗石镶边。

教堂内部有 64 根石柱，是用苏州产的金山石雕凿而成的，每根石柱由 10 根小圆柱组合而成。中间一条通道铺花砖，其余铺方砖。门和窗都是哥特式，镶嵌着彩色玻璃。主体墙上有一个巨大的圆形花窗，镶嵌的玻璃是彩色的。

教堂共设有 19 座祭台，其中正祭台是 1919 年复活节时从巴黎运来的，宽 44 米。祭台正中间放着圣依纳爵和 8 位圣人的雕像，工艺精湛，色泽艳丽。教堂的中心是圣母像。整座教堂可以容纳 3000 多人。每天清晨，这里都会举行弥撒。

53

洪家楼天主教堂

坐标： 山东省济南市

别名： 洪家楼耶稣圣心主教座堂，洪楼教堂

年代： 始建于清同治九年（1870 年）

荣誉： 全国重点文物保护单位，中国三大著名天主教堂之一

景观： 教堂主厅

洪家楼天主教堂全名“洪家楼耶稣圣心主教座堂”，简称“洪楼教堂”，位于山东省济南市，是济南以及华北地区规模最大的一座天主教堂，也是中国三大著名天主教堂之一。

◎ 严格对称的建筑布局

洪家楼天主教堂始建于清同治九年（1870 年），后遭到严重破坏。我们现在看到的洪家楼天主教堂由奥地利庞会襄修士设计，于清光绪二十七年（1901 年）动工，历时 3 年多修建完成。教堂属于欧洲 12 世纪至 16 世纪初的哥特式建筑风格，外形与举世闻名的坎特伯雷大教堂、巴黎圣母院、夏特尔大教堂、威斯敏斯特大教堂等十分相似。教堂平面呈“十”字形，象征着天主耶稣受难的十字架，建筑面积约 2600 平方米，大厅可容纳 1000 人左右。

从总体布局看，洪家楼天主教堂采用的是庭院式布局，十分讲究对称，教堂庭院大门、礼拜堂正门、中厅、祭坛都位于整个建筑群的中轴线上。

1. 彩绘屋顶
2. 雕花门洞

◎ 哥特式风格与中国传统民俗文化的融合

教堂坐东朝西，前窄后宽，角棱多，门窗多。正面的两个钟楼为尖顶分立式，左右是穹隆式尖券顶，3 个正门都是尖拱形，拱门雕刻有一层一层的花，教堂后面也有两个尖塔，高约 55 米。4 个高塔都是用青砖、料石堆砌而成，前后对应，高高耸立。

教堂的建筑主要包括哥特式风格的经堂、南侧的神父办公楼、北侧的单层砖石混凝土建筑，现在这 3 处地方分别是接待处、修女室、祷告室。北侧的附属房屋为四坡屋顶，与礼拜堂圣器室相连，是神父休息室和小礼拜室，入口设在南部修道院里。

教堂里面有两排纵柱，柱头雕刻着镂空花卉，柱身布满玲珑的雕刻。地面铺着青条石，中央的通廊十分高大。高耸的穹隆上绘满了宗教壁画，色彩艳丽。四面的墙壁上也绘有精致的图案、雕饰、文字等。

在采光方面，教堂的设计也是独具特色。阳光穿过窗子上镶嵌的彩色玻璃，折射出强烈的光色效果。尤其是每天日出时，东边的位置霞光万丈，太阳落山时，西面入口的位置也会变得光彩夺目。

很多人认为洪家楼天主教堂是纯粹的西方建筑，但其实在很多细节上仍然可以发现中国传统建筑艺术的元素，最明显的就是教堂主厅屋顶上使用的中国传统小黑瓦。此外，教堂中门两侧上部石墙上雕刻着的两个形象生动的龙头，也带有中国传统民俗文化的典型特征。

洪家楼天主教堂全景

54

石室圣心大教堂

坐标： 广东省广州市

别名： 石室、石室耶稣圣心堂、石室天主教堂

年代： 始建于清咸丰十一年（1861 年）

荣誉： 全国重点文物保护单位，广东省重点文物保护单位

景观： 双塔、石室

石室圣心大教堂位于广东省广州市，是天主教广州教区最宏伟、最具特色的大教堂，有“远东巴黎圣母院”之美誉。

◎ “远东巴黎圣母院”

石室圣心大教堂位于广州市中心，是广州最大的教堂，距今已有近160年的历史，不但是我国现存最宏伟的双尖塔哥特式建筑，也是整个东南亚地区最大的石结构天主教建筑，被誉为“远东巴黎圣母院”。

石室圣心大教堂是由法国设计师设计、中国工匠修建的，凝结了两国建筑设计者、建造者的心血。教堂原占地面积6000多平方米，除教堂之外，还有医院、神学院、中小学校等。保存至今的建筑包括教堂、主教府、颐铎堂。现在的教堂门前是广场，周边是商铺和民居。

教堂坐北朝南，共3层。底层有3个尖拱券门，中间的门最大，左右两边的门对称，门楣上有精致的石雕图案。门框外有7对柱线、7层尖拱肋。正中间是一面很大

1|2 1. 哥特式尖塔
2. 圆形玫瑰花窗

的石雕镂空玫瑰花窗，直径达6米。第三层是钟楼，东西两侧各耸立着一个八角形的尖顶塔。

◎浓郁的哥特风

石室圣心大教堂正面是一对石塔，尖顶，高耸入云。这种尖塔是哥特式教堂建筑的典型特征。

教堂的正立面和东西侧立面各有一个硕大的圆形玫瑰花窗，这也是哥特式教堂的特色之一。整座教堂的所有门窗都镶嵌着法国制造的红、黄、蓝、绿等彩色玻璃。这种玻璃颜色较深，可避免室外强光照射，使室内光线始终保持着柔和的状态。

◎ 与中国元素的融合

石室圣心大教堂虽然是由法国人设计，却是由中国人建造，指挥教堂建造工程的是广东揭西坪上镇尖田村的石匠蔡孝。因此，在这座典型的哥特式教堂里，融入了很多中国传统元素。例如，整座教堂在黏合材料上，采用的都是中国传统的土办法——糯米桐油，而不是水泥，糯米桐油不但黏合牢固，还具有很好的防水性能；教堂楼顶的出水口是具有典型中国特色的狮子造型；门上刻有典型的广式木雕；原本设计的石块地板，在修建时被换成了中国特有的广东大阶砖，大大提高了地板的防湿性能。

石室圣心大教堂远景

55

西开教堂

坐标： 天津市和平区

别名： 圣味增爵堂、天主教西开总堂、老西开教堂

年代： 始建于 1913 年

荣誉： 中国 20 世纪建筑遗产，天津市文物保护单位

景观： 中殿

西开教堂全称“天主教西开总堂”，位于天津市和平区，是天主教天津教区的主教座堂，也是天津最大的一座罗马式天主教堂。

◎装饰华丽的内部格局

西开教堂高45米，是典型的罗马式建筑风格，有3个并列的绿色穹顶，每个穹顶上各有一个青铜十字架。其中一个十字架在20世纪50年代遭遇雷劈，原因是建造之初主教拒绝安装避雷针，雷劈事件发生后才在穹顶补装了避雷针。

教堂主体由红黄色花砖砌成，可容纳1000多人，里面有很多壁画以及大管风琴，前面的院子里有两道大门，左右各一道，男女教徒分开进入。

在结构上，西开教堂为带厢堂长殿式，长方形的教堂和横殿相交构成“十”字，与拱廊相连。大门的样式为拱门，大都为石门，从外到里一个套着一个，且一个比一个小，最里面的为木门。正门只有逢重大活动才开放，平时进出则使用侧门。从正厅正门到底部祭台，共14根立柱，分为两排，形成三通廊式。摆放整齐的

西开教堂全景

桌椅被分为4列，通向尽头的讲台。讲台的左侧是圣心祭台，立着耶稣圣像；右侧是圣母祭台，立着圣母显灵像。祭台左边墙上挂着著名油画《最后的晚餐》，右边墙上挂着油画《圣家像》。穹顶、侧窗都镶嵌着彩色玻璃，墙上画满了彩绘壁画，看上去十分华丽。

穹隆顶

第六章

特色民居

独具特色的民居文化，展现了中国先民的劳动智慧和思想传承。

56

王家大院

坐标： 山西省晋中市

别名： 无

年代： 建于明末清初

荣誉： 全国重点文物保护单位，国家 AAAA 级旅游景区

景观： 高家崖建筑群、红门堡建筑群

王家大院位于山西省晋中市，是静升镇王氏家族世代居住的宅院，历经明清两朝300多年修建而成，是一座具有传统文化特色的建筑艺术博物馆，世人赞其“贵精而不贵丽，贵新奇大雅，不贵纤巧烂漫”。

◎严格而不失变化的格局

王家大院共包括五巷六堡一条街，总面积25万平方米。在格局上，采用的是传统庭院“前堂后寝”的风格，即前面为厅堂，后面为居室，起居功能俱全，这样既具备足够的交际空间，又兼备私密性，做到尊卑长幼有序、内外男女有别，体现出官宦门第的威严和宗法礼制的严格。然而，在注重规制礼法的同时，王家大院在细节上也不失变化，独具匠心。

王家大院中规模最大的是高家崖建筑群，面积近20万平方米，建于清嘉庆元年（1796年）至清嘉庆十六年（1811年），由王氏十七世孙王汝聪、王汝成兄弟修建。高家崖建筑群严格按照封建等级制度建造，有35座大小院落，共342间房屋，大小

灶王神龛

石雕

院落既珠联璧合，又独立成章。主院是敦厚宅和凝瑞居，两院都为三进四合院，每个院子都建有高耸的祭祖堂，还有绣楼、厨院、家塾等，至于书院、花院、长工院、围院等则由两院共用。高家崖建筑群四周建有墙堡，每一面各设一扇门，院内有众多精美的砖雕、木雕、石雕，题材广泛，内容多样，技艺精美。

另一处著名建筑是红门堡建筑群，面积2.5万平方米，建于清乾隆四年（1739年）至清乾隆五十八年（1793年）。整座建筑依山而建，造型别致，从低到高分为四层院落，左右对称，中间主巷道与三条横巷组成一个规整的“王”字，同时还隐含

鸟瞰王家大院

着龙的造型。堡内各院落结构和装饰根据主人的身份、喜好而定，风格百变，各具特色。

◎纤细繁密的细节装饰

三雕艺术在王家大院中使用广泛。建造者们将花鸟虫鱼、水舟山石、人物传说、戏曲典故等，采用象征、隐喻、谐音等形式，雕刻在木头上、石头上、砖上，将儒、道、佛思想与传统民俗文化融为一体，题材丰富，技法精湛，是清代建筑装饰技艺的精品。

在建筑装饰上，王家大院是清代纤细繁密风格的典范，它装饰绚丽，雍容大气，典雅精致，充分体现了“坚固、实用、美观”的古代北方建筑的特点。比如，柱础石、墙基石上的石刻，穿廊上的斗拱、额枋、雀替上的木刻，挂于屋内的匾额、楹联等，都是难得一见的艺术佳品。

57

呈坎

坐标： 安徽省黄山市

别名： 龙溪

年代： 始建于东汉三国时期

荣誉： 国家 AAAAA 级旅游景区，安徽省历史文化保护区

景观： 罗东舒祠、长春社、罗润坤宅

呈坎位于安徽省黄山市，是中国古村落建设史上的一大奇迹，被著名理学家朱熹誉为“呈坎双贤里，江南第一村”。

◎ “江南第一村”

呈坎村是世界上迄今发现的最古老、最神秘的八卦村。“登黄山天下无山，游呈坎一生无坎。”这是流传在黄山地区的一句话。到黄山旅游的人，大都会到呈坎走一走，表达追求平安吉祥的愿望。

据元朝张旭所著的《罗氏族谱序》记载，唐朝末年江西南昌府罗天真、罗天秩兄弟举家迁至歙县，筑室而居，“择地得西北四十里，地名龙溪，改名呈坎”。呈坎是罗氏家族聚居地，历代人丁兴旺，人才辈出。著名的歙县“八大家”（槐塘程、呈坎罗、棠樾鲍、长林郑、山前汪、溪南吴、岩镇吕、叶有曹）中，呈坎罗位列其中。呈坎现有居民 700 多户，人口约 3000 人，其中 75% 为罗姓。

呈坎依山傍水，被青山翠竹环抱，融山水人文于一体，是中国保存最完好的明

代古村落，至今还完整地保存着宋、元、明等朝代的古建筑群。这些古建筑是徽派建筑的典范，亭、台、楼、阁、桥、井、祠、社、民居交相辉映，工艺精湛的石雕、砖雕、木雕随处可见，淋漓尽致地体现了徽派建筑艺术的风格——古、大、美、雅，堪称“古徽之最”。

◎ 田园八卦

在选址上，呈坎完全按照“枕山、环水、面屏”的要求而建，坐西朝东，依山傍水。街巷弯曲复杂，如同迷宫，让人难辨方向。由于选址讲究、布局合理，整个呈坎古

呈坎水墨美景

村看上去与周边环境、自然万物和谐统一，体现了“以山为本、以水为魂”的山水田园特色。

呈坎八面环山，就像一幅易经八卦图，村中溪水绕村而过，形成的图形就如同阴阳鱼。在易经中，阳为“呈”，阴为“坎”，于是人们便将此地改名为“呈坎”。

呈坎人特别注重对水的活用，村中的两条水渠穿街走巷，引众川河水，至今仍发挥着灌溉、排水、泄洪、消防等功能。由于河水绕村而过，所以在村落里有各式各样的桥，其中比较著名的是环秀桥和隆兴桥。环秀桥建于元朝，造型优美，古朴大方。隆兴桥建于明朝，是江南单孔跨度最大的石拱桥。

58

开平碉楼

坐标： 广东省江门市

别名： 无

年代： 始建于清初

荣誉： 全国重点文物保护单位，世界文化遗产，中国 20 世纪建筑遗产

景观： 碉楼群

开平碉楼位于广东省江门市，是集防卫、居住功能于一体的多层塔楼式建筑，风格上中西合璧，融合了中国传统乡村建筑文化与西方独特建筑艺术，是中国乡土建筑的特殊类型之一。

◎ 为求自保而修建的碉楼

开平碉楼位于江门市下辖的开平市。历史上，开平位于新会、台山、恩平、新兴之间，属于“四不管”地带，明朝以来盗匪猖獗，治安混乱，加上河流众多，暴雨洪涝等灾害频发。为在盗匪侵扰或灾害来临时自保，当地人修建了高耸坚固的碉楼。

开平碉楼集防卫、居住功能于一体。为便于

居高临下进行防御，其高度远高于普通民居。墙体的厚实坚固性，也远高于普通民居，这样便能有效抵御匪盗凿墙或火攻。窗户也比普通民居小一些，外设铁板窗门，装有铁栅窗扇。碉楼上部的各个角均设有全封闭或半封闭的角堡，俗称“燕子窝”，里面有射击孔，可居高临下地对敌人进行射击。同时，为便于楼内居民攻击敌人，在碉楼各层的墙上也开有射击孔。

开平碉楼是多层建筑，下面部分在形态、风格上几乎没有区别，只是大小、高低有所不同。大小方面，大的碉楼每层相当于好几个开间，小的碉楼每层面积也就半开间而已。高低方面，最高的是赤坎乡

装饰精美的高碉楼

开平碉楼群

特色建筑

的南楼，共 7 层，矮的碉楼一般只有 3 层，高度与一般的民居楼房差不多。

开平碉楼的风格变化主要体现在楼顶和上面部位。按楼顶风格可分为中国式屋顶、中西混合式屋顶、古罗马式山花顶、庭院式阳台顶、穹顶等。按上部造型，可分为柱廊式、悬挑式、城堡式、平台式、退台式等。

◎ 不同功能的碉楼

按使用功能不同，开平碉楼可分为居楼、众楼、更楼等，其中数量最多的是居楼。

居楼是由富人独资修建的，大多位于村子后面，楼体高大，空间宽敞，防卫和居住功能都很强大，生活设施也十分完善。在注重防卫功能的基础上，居楼也追求外形之美，造型相对多样，外部装饰精美，是村里的标志性建筑。

众楼是由全村人或很多户人家共同集资修建的，一般建在村后。建成后，参与集资的每户人家分一间房，在盗匪侵扰或灾害来临时躲避。众楼十分注重防卫功能，但造型上比较简单，外部的装饰也很少。

更楼是为周边村落联合防卫所建的，便于提前发现匪情向各村预警，大都建在村口或山岗、河岸等视野开阔的地方，高耸挺立，配有探照灯、报警器等。

59

恩施土司城

坐标： 湖北省恩施土家族苗族自治州

别名： 墨卫楼

年代： 1998 年规划建设，2002 年建成开放

荣誉： 国家 AAAA 级旅游景区

景观： 土司城门楼、风雨桥、吊脚楼、王府九进堂

恩施土司城位于湖北省恩施土家族苗族自治州，是一座仿古土司庄园建筑群，也是全国规模最大的土家族地区土司文化工程。

◎ 土司城门楼

恩施土司城规模宏伟，风格独特，主要景点包括门楼、风雨桥、吊脚楼、廪君祠、校场、王府九进堂、城墙、钟楼、鼓楼、百花园、白虎雕像等。

门楼也称朝门、看楼，它的建造是为了彰显土司的威仪和功德，其外观庄重华丽，集中体现了土家族独特的人文思想、空间观念、建造技艺等。

门楼为木质结构，两边走马转角楼梯可盘旋至顶，层层相通相连。门楼有门窗 200 扇、镂空雕花图案 189 块，雕刻内容大都是戏文或民间传说。门楼的左右两侧各有一座“天王送子”雕像，表达了土家族人普遍的“望子成龙”的心愿。

值得一提的是，门楼中隐含着很多寓意双关的数字和设计。如门楼共 4 层，有 12 根柱子、24 根梁，这几个数字分别对应的是一年中的四季、12 个月、24 个节气。

1. 唐崖河景观
2. 土王墓葬
3. 建筑细节

此外，门楼屋顶上有一个雕塑，由多只蝙蝠拱托着一枚古钱，寓意“福在眼前”，因为蝙蝠象征着福气，铜钱象征着前方。

◎ 风雨桥和吊脚楼

风雨桥是恩施土司城的著名景点之一。一般而言，风雨桥大都建在河流渡口，是商旅、行人歇息纳凉和遮阴蔽雨的场所。恩施土司城的这座风雨桥是一座仿古桥，飞檐翘角，非常精美，但桥上几乎没有挑担经商的人经过，是游人歇息纳凉的不二之选。

吊脚楼是典型的土家族民居建筑，大都依山傍水而建，房前屋后种植着竹林和果木，凸显“小桥流水人家”的优美意境。吊脚楼中最奇特的一种叫“一开三间”，即左边两间房屋落于实处，而右边一间房屋是悬空的。最左边的房屋是火

房，中间的是堂屋，右边悬空的是厢房，厢房下面有柱无壁，这便是“吊脚楼”之名的由来。楼下潮湿，蚊虫较多，不宜住人，一般用来喂养牲口、堆放柴草，而楼上大都用来住人和堆放粮食。

◎ 王府九进堂

王府九进堂是整个土司城的核心部分，由333根柱子、333个石柱础、330道门、90余个窗、数千块雕花木窗、上千根檩子、上万根椽木组合而成。它进深99.99米、宽33米，总建筑面积3999平方米，是目前国内罕见的纯榫卯相接的木结构建筑。举目望去，亭台楼角、层檐飞爪，高低上下，错落有致，显示出雄奇、巍峨和富丽堂皇的气派。

60

永定土楼

坐标： 福建省龙岩市

别名： 筒子楼

年代： 始建于唐大历四年（769 年）

荣誉： 世界文化遗产，国家 AAAAA 级旅游景区，全国文明旅游先进单位

景观： 五凤楼、大的方楼和圆楼

永定土楼位于福建省龙岩市，是福建现存最早的土楼，是世上独有的神奇的大型民居形式，被誉为“中国传统民居的瑰宝”。

◎ “中国传统民居的瑰宝”

土楼历史悠久，是世界上独一无二的大型民居形式，也是福建客家人引以为豪的一种建筑形式，被称为“中国传统民居的瑰宝”。

土楼是一种集体性建筑，可供一个家族的众多家庭共同居住。之所以称其为“土”楼，是因为其主要的建筑材料是未经焙烧的沙质黏土和黏质沙土按照一定比例拌和而成的“熟土”，为了增加熟土的黏性和拉力，有的还在熟土中掺入红糖、糯米饭、藤条和竹片等。将制作好的熟土一层一层地敷贴在用木料搭建的房屋构架上，用力夯实，待其完全晒干后，墙体格外坚固，兼具保温、抗震、防卫等功能。当土楼的大门闭合以后，整座土楼内部就成了一个牢不可破的堡垒。

土楼的出现，与历史上的社会动乱和几次著名的大迁徙有关。人们修建土楼的初衷，是为了抵御山林野兽的侵袭和盗匪流兵的劫掠。这也是很多土楼的外墙上都有瞭望孔和射击孔的原因。唐末兵变、南宋政权南移、明清政权更替时期，都是建造土楼的高潮时期。到了 17 世纪以后，客家人大部分定居在东南沿海，所以土楼分布以闽粤地区最多。

◎ 种类繁多的永定土楼

永定土楼是中国现存数量最多、分布最广、品类最丰富、保存最完好的土楼，被誉为“一座没有大门的中国客家土楼博物馆”。永定土楼种类繁多、千姿百态，主要包括方楼、圆楼两大体系，共 20 多种建筑形式，包括殿堂式楼、长方形楼、正方形楼、三合式楼、五凤楼、五角楼、六角楼、八角楼、纱帽楼、走马楼、吊脚楼、圆形楼、椭圆形楼、前圆后方楼、前方后圆楼、“日”字形楼、曲尺形楼、半月形楼等。其中，最具代表性的是五凤楼和圆形楼。

承启楼

1. 永定土楼全景
2. “人”字形屋脊

五凤楼是组合楼房，为三堂两横式，屋角飞檐，如同鸟翅，所以称为“五凤楼”，如裕隆楼、福裕楼都属于典型的五凤楼。五凤楼的构造特点是：楼中有一条中轴线，前堂、中堂、后堂与轴线两翼横楼连成一体，前面低，后面高。楼顶歇山呈现出5个层次，从后往前层层叠落。与一般的方楼相比，五凤楼更显得气势非凡、高贵典雅。

圆形楼又称圆寨，大都分布在金峰溪流域。圆形楼内低外高，结构复杂，楼内有楼，环环相套，具有很好的通风、采光、防卫功能，也能有效抗击台风、地震等灾害，不但吸引了众多慕名而来的中外游客，还赢得了许多专家学者的惊叹和赞美。

61

庆阳窑洞

坐标：甘肃省庆阳市
别名：无
年代：先周时期
荣誉：无
景观：无

庆阳窑洞位于甘肃省庆阳市，是黄土高原特有的民居形式，具有浓厚的传统民俗风情和乡土气息，积淀了古老的黄土地文化。有诗云：“远来君子到此庄，休笑土窑无厦房；虽然不是神仙洞，可爱冬暖夏天凉。”

◎ “绿色建筑”

窑洞为“穴居式”民居，起源于4000多年前，是中国西北黄土高原上最常见的古老居住形式，广泛分布于陕西、山西、河南、河北、内蒙古、甘肃、宁夏等地。其中，陕甘宁地区覆盖着厚厚的黄土层，有的厚达几十千米，智慧的远古先民利用这种有利地貌，创造性地凿洞而居，这便是窑洞。窑洞是当之无愧的“绿色建筑”。

窑洞一般分为靠崖式窑洞、下沉式窑洞、独立式窑洞，其中靠崖式窑洞最多。在过去，辛勤劳作的西北农民最大的愿望就是修建几孔窑洞，因为有了窑才能娶妻，从而实现成家立业的夙愿。在黄土高原上，男人大都负责在外面刨挖耕作，女人则负责在窑洞里养育儿女、操持家务。

1. 庆阳窑洞近景
2. 庆阳丰富的民俗文化活动

◎千姿百态的庆阳窑洞

庆阳窑洞历史十分悠久。早在先周时期，黄土高原上的庆阳人就开始开凿窑洞居住。现在，不少庆阳人仍然采用这种居住形式，他们凭借靠沟边、依山坡、就崖壁的地理优势，挖窑洞而居，这种窑洞称为“崖庄”。有的村落依山靠坡并排着很多窑洞，看上去整整齐齐，庄上有庄，窑上有窑，就像一栋拔地而起的“楼房”，被称为“架板庄”。而平原地区的窑洞则多为“地坑庄”，也称为“地下四合院”。这种窑洞是向平地下掘出一个方方正正的大坑，一般深 10 多米，然后再向四壁挖出一孔孔窑洞。

庆阳窑洞姿态万千、各具特色。有的坐落于平原，有的悬挂在崖面。有的是独窑，各自成洞；有的是套窑，相互连通；有的窑洞里还有拐窑，窑中有窑，洞中有洞。有的是土箍窑，用土坯砌成；有的是石箍窑，用石料砌成；有的是“双料窑”，用土坯、石料混合砌成。有的在窑顶上盖上青砖红瓦，远看以为是高大的瓦房；有的在成排的窑顶上盖起砖瓦房，上面为房，下面为窑；有的在院子里翻修窑洞，在窑顶上面盖上砖瓦，同时盖起新式瓦房，打造出土箍窑、石箍窑及瓦房共存的“三合一庄院”。

值得一提的是，窑洞冬暖夏凉、经久耐用，所以人们常说“没有三十年不漏的瓦房，却有数百年安稳的窑洞”。

崖庄

第七章

都市景观

城市建筑反映着一座城市的文明水准和艺术品位，它是这座城市的名片。

62

天安门广场

坐标：北京市东城区
别名：无
年代：不详
荣誉：“北京十六景”之一
景观：升降旗仪式、人民英雄纪念碑、天安门城楼

天安门广场位于首都北京，南北长 880 米，东西宽 500 米，面积达 44 万平方米，可容纳 100 万人举行集会。

◎升降旗仪式

天安门广场是北京的一大胜景，北起天安门，南至正阳门，东起中国国家博物馆，西至人民大会堂，中央有庄严肃穆的毛主席纪念堂和人民英雄纪念碑。

天安门广场是举行重要仪式和重大集会的地方，其中最受关注的是每天在这里举行的升降旗仪式。中华人民共和国成立后，天安门广场的国旗升降仪式经过了多次调整。直到 1982 年 12 月 28 日，原武警北京总队第六支队十一中队五班进驻天安门，担任国旗护卫队，我国才有了第一套规范的国旗升降仪式。这么多年来，隆重庄严的升降旗仪式，吸引了无数游客。

天安门城楼

◎ 毛主席纪念堂

毛主席纪念堂位于天安门广场的南端，是以毛泽东同志为首的老一辈无产阶级革命家的集体纪念堂，是全国爱国主义教育基地。纪念堂坐落在北京的中轴线上，总建筑面积 2.8 万平方米。纪念堂里面安放着毛泽东主席的遗体，并设有毛泽东、周恩来、刘少奇、朱德、邓小平、陈云等著名无产阶级革命家的革命业绩纪念室，通过大量的照片、文献、实物，展现了老一辈无产阶级革命家为民族独立和人民解放所建立的丰功伟绩，体现了中国共产党领导人民开展革命和建设社会主义的奋斗历程。

◎ 人民英雄纪念碑

人民英雄纪念碑位于天安门广场中心，也位于北京的中轴线上，是中华人民共和国成立后在天安门广场修建的第一座建筑，也是中国历史上最大的纪念碑。修建这座纪念碑，是为了纪念鸦片战争（1840 年）以来为反对内外敌人、争取民族独立和

1 | 2

1. 人民大会堂内部
2. 人民英雄纪念碑

人民自由幸福，在历次斗争中牺牲的人民英雄。

1949 年 9 月 30 日，中国人民政治协商会议第一届全体会议通过了修建人民英雄纪念碑的决定，当天傍晚便举行了奠基典礼，毛泽东主席偕同全体政协委员参加，并亲自为纪念碑铲土奠基。1952 年 8 月正式动工，纪念碑由著名建筑学家梁思成等人设计，用 1.7 万块花岗石和汉白玉石建成。很多当时全国著名的建筑师、雕刻家、美术家、雕刻工人等共同参与建设。1961 年，人民英雄纪念碑被国务院公布为第一批全国重点文物保护单位。

国家体育场

坐标：北京市朝阳区

别名：鸟巢

年代：2003 年 12 月 24 日开工建设，2008 年 3 月完工

荣誉：中国当代十大建筑之一

景观：空中走廊、看台

国家体育场又称“鸟巢”，位于北京市奥林匹克公园内，是 2008 年北京奥运会的主体育场，因其形态如同鸟类孕育生命的“巢”而得名，被誉为“新建筑奇迹”。

◎ 像鸟巢一样的体育场

鸟巢占地面积20.4公顷，建筑面积25.8万平方米，可容纳9.1万名观众。2008年，鸟巢作为北京奥运会的主体育场，举办了无与伦比的第29届夏季奥运会；2015年，世界田径锦标赛在此举办；2019年，鸟巢又成功举办了亚洲文明对话大会的重点活动——亚洲文化嘉年华。2022年，鸟巢还将举办北京冬奥会、冬残奥会的开闭幕式。鸟巢是世界上首个同时举办过夏季奥运会和冬季奥运会开闭幕式的体育场，已成为代表中国形象的标志性建筑，享誉全球。

◎绿色环保的“鸟巢”

鸟巢在建设中采用的是先进的节能设计和环保措施，充分利用自然通风和自然采光，运用可再生地热能源、太阳能光伏发电技术等，实现雨水的全面回收，是一座名副其实的大型“绿色建筑”。

鸟巢的外观被设计成一个没有完全密封的鸟巢，既能使观众享受到自然的空气和光线，又能实现节能降耗。室内照明都采用环保光源，既高效又节能，室外照明采用的也是太阳能发电照明系统。

鸟巢足球场的下面设有312口地源热泵系统井，通过地埋换热管，在冬季吸收土壤中存储的热量为鸟巢供热，在夏季吸收土壤中存储的冷量为鸟巢供冷，真正做到节能环保。鸟巢的顶部装有专门的雨水回收系统，绿化、冲厕、消防、冲洗跑道所需的水就来自这些被收集起来的雨水。

1|2 1. 鸟巢夜景
2. 场馆内部

◎ 巧妙的“笼式避雷网”

在防雷设计上，鸟巢采用的是最传统的技术。设计者充分利用建筑自身的优势，将体育场的金属屋面、钢结构构件、钢筋混凝土中的钢筋等用焊接的方式有效连接，将整个鸟巢的“钢筋铁骨”变成一个“笼式避雷网”，并与场馆内的所有设备以及人能触摸到的所有部位进行了可靠连接。这样一来，即便雷电袭击瞬间产生巨大电流，也能通过“笼式避雷网”导入地下，从而最大限度地确保场馆以及馆内仪器、设备、人员的安全。

64

国家游泳中心

坐标： 北京市朝阳区

别名： 水立方

年代： 2003 年 12 月 24 日开工建设，2008 年 1 月 28 日完工

荣誉： 体育和可持续建筑

景观： 嬉水乐园、探秘馆、水滴剧场

国家游泳中心又称“水立方”，位于北京奥林匹克公园内，是北京 2008 年夏季奥运会的主游泳馆，是集游泳、运动、健身、休闲功能于一体的具有国际一流水平的水上运动中心。

◎基于“水”的设计

水立方总建筑面积约 10 万平方米，2008 年北京奥运会的游泳、跳水、花样游泳等比赛都在此举行。奥运会结束后，水立方既举办过残奥会以及游泳、跳水锦标赛等重大国际比赛，也举办过一些常规的赛事，是集游泳、运动、健身、休闲于一体的多功能国际化时尚中心。

在中国传统文化中，水是至关重要的一种元素。水立方的设计者将水的概念深化，独具匠心地利用水独特的微观结构进行设计、装饰，将水的元素运用到了极致。在外观上，建造者在“方盒子”的体育馆外面覆盖了一层“外皮”，上面布满了水泡形状的 ETFE（乙烯－四氟乙烯共聚物）膜，使其外观轮廓具有独特、柔和的视觉

水立方场馆全景

效果，让水的神韵得到了完美体现。同时，场馆内的设计也在“水”上做足文章，设计者针对不同年龄层次的人，开发出各种与水有关的娱乐形式。

◎ 世界上最大的膜结构工程

膜结构建筑是 21 世纪最具代表性的一种建筑形式，主要运用于大跨度空间的建筑。水立方是世界上最大的膜结构工程，建筑外围采用的 ETFE 膜材料，是当今世界上最先进的环保节能材料。水立方的 ETFE 膜覆盖面积达 10 万平方米，由 3000 多个大小不一、形状各异的气枕组成，构思巧妙，令人耳目一新。

气枕装上后，通过事先安装在钢架上的充气管线充气变成“气泡”。充气过程由电脑智能控制，可根据气压、光照等条件进行调节，使“气泡”始终保持最佳状态。在水立方的外围点缀着无数白色亮点，称为镀点，它们的主要作用是改变光线的方向，从而达到隔热散光的目的。

ETFE 膜具有很好的抗压能力，看似柔软，实际坚固无比。此外，ETFE 膜还具有很强的自洁功能，基本上不会沾上灰尘，即使沾上，只要下一场雨便可清洁如新。

水立方的墙身、顶棚都是用细钢管连接而成，没有使用一根钢筋、一块混凝土。其外层用 ETFE 膜加以覆盖，与玻璃相比，可以透进更多的阳光和空气，从而让泳池保持恒温，大大节省了电能，是当之无愧的“绿色建筑”。

65

北京中信大厦

坐标：北京市朝阳区

别名：中国尊

年代：2013 年 7 月动工，2018 年 10 月竣工

荣誉：中国当代十大建筑之一

景观：顶部观光区域

北京中信大厦又名中国尊，位于北京市朝阳区，是中国中信集团总部大楼，现为北京市最高的建筑，因大楼外观形似古代礼器“尊”而得名。

◎“尊”的内涵

中国尊位于北京市朝阳区 CBD 核心区 Z15 地块，东至金和东路，西至金和路，南邻规划中的绿地，北至光华路，占地面积约 1.15 万平方米，总建筑面积 43.7 万平方米，建筑外形仿照中国古代礼器“尊”进行设计。这个设计方案在当时是以总分第一的成绩中标的，之所以受到业界专家们的一致青睐，是因为它不仅在外形上大气时尚，符合传统的审美眼光，且蕴含着美好的寓意。

这幢北京第一高楼高耸入云，呈现出顶天立地之势。整幢大楼自下而上自然缩小，形成中部略有收分的双曲线造型，既稳重大气，又具有庄重的东方神韵。

中国尊建筑群

◎ 以柔克刚的身躯

中国尊高 528 米，高大巍峨，却以灵动的弧线呈现在世人面前，曲线优美，婉约秀丽，大有“以柔克刚”的视觉审美效应。其实，设计者之所以这样设计，不光是为了追求好的视觉效果，也是出于建筑结构安全的考虑。

北京地区多风沙，一年四季中除了夏季，其他季节常刮劲风。中国尊的设计者充分考虑到了这些因素，利用建筑力学原理，选择适当的平面形状、弯曲的立面、改良的边角细节，有效减少了风的荷载。楼顶采用透气的雕塑式设计，也可以减少顺风向和横风向的荷载，降低风的加速度。此外，设计者贯彻低碳理念，充分利用自然光和风向，节能环保。

◎ 中国尊的电梯

中国尊集写字楼、会议、商业、观光功能于一体，地上 108 层、地下 7 层，可容纳 1.2 万人办公，每日可接待近万名游客观光。

整幢大楼共装有 139 部电梯，其中直梯 100 部、扶梯 39 部，电梯最大轿厢可荷载 48 人，最小可荷载 21 人。直梯中有 3 部是观光电梯，可从底层直达顶层，运行速度高达 10 米 / 秒，游人从 1 楼到 108 楼仅需 1 分钟。其余 97 部直梯按照低、中、高 3 个区域分区运行。中国尊内部设有 3 个空中大堂，分别位于 31~33 层、59~60 层、90~91 层，电梯运行的低中高分区基本是按照大楼分区而定的。

66

五大道

坐标： 天津市中心城区

别名： 无

年代： 建于 19 世纪末 20 世纪初

荣誉： 国家 AAAA 级旅游景区

景观： 先农大院、民园广场、民园西里、马场道、冯国璋故居

五大道位于天津市，这里保存了 2000 多幢 20 世纪二三十年代建成的各式花园洋楼，风格多样，各具特色，是全国现存最完整的洋楼建筑群，被誉为“万国建筑博览苑”。

◎ “万国建筑博览苑”

五大道位于天津市中心城区南部，是一片长方形区域，总面积约 1.28 平方千米，共有大小道路 22 条，总长度为 17 千米。这里曾经地势低洼，后来被填平，各国建筑师纷纷在此建房。20 世纪 60 年代后，为了统一管理，天津市城建部门按照由北至南的顺序，将东西走向的 5 条大道——重庆道、常德道、大理道、睦南道、马场道，统称为“五大道”。

五大道有 2000 多幢不同国家建筑风格的花园洋楼，这些洋楼大都建于 20 世纪二三十年代，总建筑面积达 100 多万平方米。其中最典型的建筑有 300 多幢，包括 89 幢英式建筑、41 幢意式建筑、6 幢法式建筑、4 幢德式建筑、3 幢西班牙建筑以及众多文艺复兴式建筑、古典主义建筑、折中主义建筑、巴洛克式建筑、庭院式建筑以及中西合璧式建筑等。所以，如今很多人也将五大道俗称为“天津小洋楼”。

◎ 建筑风格

其实，在全国各地有很多小洋楼，比如上海、武汉、青岛、厦门等地。相比之下，天津的小洋楼是现存数量最多、保存最好、最集中的。从清咸丰十年（1860 年）到清光绪二十九年（1903 年），在英、法、美等西方列强国家的武力逼迫下，清政府被迫签订了很多不平等条约，天津被列强分割，他们在这里修建了很多洋楼。

据统计，五大道现共有 300 多处名人旧居和风貌建筑，无论从地域面积还是从文物数量、名人遗迹来看，在全国都是首屈一指的。

在命名上，五大道的小洋楼具备三大特点：一是街巷都称为“里”，而不是“胡同”；二是名人名楼都以门牌为标志，不另外命名，不设牌匾；三是出现了“大楼”“别墅”“村”“坊”一类名字，如香港大楼、剑桥大楼、马场别墅、安乐村、育文坊等。

1 | 2
3

1. 五大道马车雕塑
2. 建筑细节
3. 五大道跑马场

67

中央大街

坐标： 黑龙江省哈尔滨市

别名： 中国大街

年代： 始建于清光绪二十四年（1898 年）

荣誉： 国家 AAAA 级旅游景区

景观： 中央大街终点广场、哈尔滨防洪胜利纪念塔

中央大街位于黑龙江省哈尔滨市，是一条繁华的商业步行街，也是哈尔滨最具西洋风情的一条街，被誉为“亚洲第一街”。

◎ “亚洲第一街”

中央大街也称中国大街，全长 1450 米，北起防洪纪念塔广场，南至新阳广场，始建于清光绪二十四年（1898 年）。当时，哈尔滨开始大规模修筑铁路，沿江地段是一条古河道，地势低洼，人烟稀少，无数辆马车在古河道上来回运送建材，竟将这里开辟成了一条道路。后来，道路周边的荒地被中东铁路工程局拨给散居在哈尔滨的中国人居住，到清光绪二十六年（1900 年）时形成“中国大街”，意思是中国人居住的大街。

1924 年 5 月，由俄国工程师科姆特拉肖克监工，在这条道路铺上方石，方石大都是花岗岩雕筑，长 18 厘米、宽 10 厘米。1928 年 7 月，中国大街正式改称“中央大街”。此大街贸易繁荣，人来人往，成了哈尔滨最著名的一条商业街。

◎融合西方建筑艺术的百年精华

中央大街有 71 栋欧式或仿欧式建筑，融合了西方建筑艺术的百年精华，包括文艺复兴、巴洛克、折中主义、现代主义等多种风格。其中有市级保护建筑 13 栋。

中央大街最著名的文艺复兴风格的建筑是中央大街 57 号和 187 号。57 号原为哈尔滨犹太国民银行，现为皇宝珠宝，建于 1923 年，砖混结构，墙体仿石块砌筑处理，一层是落地窗，二层是竖向圆拱状窄窗，仅在转角处设女儿墙，其轮廓为折线与曲线结合，局部开洞，顶部为圆形穹顶，檐口装饰精美。187 号原为秋林商行道里分行，由俄国商人伊·雅·秋林开办，现为哈尔滨市江沿小学，建于 20 世纪初，砖木结构，墙面采用仿石块砌筑，首层以连续的腰线分割，二层为对方额高窗，窗口上的石膏花饰与一层的大玻璃窗相互呼应，顶部转角突出，檐上做间断的女儿墙，上面有巴洛克式浮雕装饰。

中央大街局部

中央大街最著名的巴洛克风格的建筑是中央大街120号。此处原为松浦洋行，现为教育书店，建于清宣统元年（1909年），阁楼为深红色，屋顶为孟莎式，是哈尔滨最大的巴洛克风格的建筑。

中央大街最著名的折中主义风格的建筑是中央大街92号。此处原为伊格莱维纤商店，现为杰西卡店，建于1921年，砖木结构，建筑底层是仿石基座，采用落地窗，二、三层窗口式样独特，主入口上部两侧设有高大的爱奥尼柱。

1. 希腊天文女神乌拉妮娅雕塑

2. 中央大街大门

宽窄巷子

坐标： 四川省成都市

别名： 兴仁胡同、太平胡同、如意胡同（明德胡同）

年代： 始建于清康熙五十七年（1718 年）

荣誉： 国家 AA 级旅游景区，中国特色商业步行街，四川省历史文化名街，四川十大最美街道

景观： 宽巷子、窄巷子、井巷子、拴马石

宽窄巷子位于四川省成都市，由宽巷子、窄巷子、井巷子组成，现已成为成都旅游的一张名片，与大慈寺、文殊院并称为“成都三大历史文化名城保护街区”。

◎ 宽窄巷子的发展历史

康熙帝平定准噶尔之乱后，于清康熙五十七年（1718 年）选调了 1000 多名士兵驻守成都，在原来少城的基础上修筑了满城。清朝时，满城是禁区，只有满蒙八旗能居住，清朝后期普通百姓能够自由出入，一些外地商人乘机在附近开典当铺，大量收购没落八旗人家的财产。于是，在当时的满城，旗人后裔、达官贵人、普通百姓同住一城。这个时候，满城有几个胡同，名叫兴仁胡同、太平胡同、如意胡同（明德胡同），分别就是后来的宽巷子、窄巷子、井巷子。

辛亥革命后，清朝总督赵尔丰下台，少城城墙被拆除，一些达官贵人来到此地建造公馆、民宅，于右任、田颂尧、刘文辉、李家钰、杨森等就是在这个时期先后定居于此，这些古宅大都保存了下来。民国初年，胡同改称“巷子”。

宽巷子

据说，在 1948 年的一次城市勘测中，工作人员测量之后随手将宽一点的巷子标注为“宽巷子”，将窄一点的标注为“窄巷子”，将有井的巷子标注为“井巷子”，人们口耳相传，沿用至今。这便是这几条巷子名称的来历。

21 世纪初，为推动旅游业发展，成都市将这三条巷子打造成巴蜀文化浓郁的商业街，“宽窄巷子”的名字逐渐被人们熟知。

◎ 闲在宽巷子，品在窄巷子

如今的宽窄巷子，由 45 座清末民初风格的建筑组成，其中既有古四合院，也有花园洋楼和新建的宅院式精品酒店等。

宽窄巷子的建筑大都是青砖灰瓦，有的围墙是用瓦片堆成的花格子，人们从外面也能看清楚院子里面的摆设和花草。每一处庭院的院门都非常讲究，门的两侧大都摆放着不同式样的石狮、盆景等，让人印象深刻。

宽窄巷子不只是一条观光购物的商业街，也有浓厚的文化底蕴。街上的每一家商铺或私家宅院都有一个很有味道的名字，比如不二、可居、宽径、听香……这些名字不但让人看第一眼就印象深刻，同时还能感受到其中别样的意境和情调。

宽窄巷子还是一条名副其实的美食街，巷子的两侧摆满了各式各样的特色小吃，一路走过去，游人可以尽情享用、大快朵颐。

69

台北 101 大楼

坐标： 台湾省台北市

别名： 台北国际金融中心、台北 101、台北金融大楼

年代： 1998 年 1 月动工建设，2003 年 10 月大楼主体完工

荣誉： 美国 LEED（一个评价绿色建筑的工具）白金级认证绿色建筑，电梯被吉尼斯世界纪录列为最快的电梯、世界最长行程的室内电梯

景观： 观景台

台北 101 大楼位于台北市信义区，又名台北国际金融中心，曾被认定为三项世界第一——世界最高建筑物、世界最高使用楼层、世界最高屋顶高度。

◎ 台北的最高点

台北 101 大楼高 508 米，是台北市最高的建筑，也是台北乃至整个台湾地区的地标。

大楼共 106 层，其中地上 101 层、地下 5 层，外观为多节式结构，以 8 作为设计单元，即每 8 层楼形成一个自主构成的空间单元，建筑面向内斜 7 度，彼此接续，层层相叠，整幢楼外观看上去如同竹节。多节式结构不但美观端正，还具有极强的防风防灾性能，能有效破解由高层建筑引起的气流对地面所造成的风场效应。

为什么以 8 作为设计单元呢？这源于 8 的谐音“发”，象征着好兆头。同时，竹节形状在中国传统文化中寓意“节节高升”。可见，在这幢非常现代化的摩天大楼中，处处体现着中国传统的文化和理念。

台北 101 大楼全景

台北 101 大楼的夜景也举世闻名。每当夜幕降临，大楼都会打开全部装饰灯，灯光共 7 种主色，按照每周 7 天进行轮换。每逢重大节日或特殊日子，大楼都会在外墙上用灯光展现出特殊的文字或图形，以配合节日主题。

◎台北 101 大楼的上下楼问题

在一幢高耸入云的摩天大楼中，电梯是非常重要的部分。台北 101 大楼电梯被吉尼斯世界纪录列为世界最快的电梯、世界最长行程的室内电梯，其中有 2 部快速电梯，仅用 39 秒就可将乘客运载到位于 89 层的观景台。

除了上述 2 部电梯，大楼内还有 34 部双层电梯，这些电梯的运转方式根据不同时段乘客人数的不同而变换，有半双层、全双层、单层三种运转方式。半双层运转方式是指停靠所有楼层，一般适用于客流量不大的时段；全双层运转方式是指上层电梯停靠偶数楼层、下层电梯停靠奇数楼层，适用于上下班、午餐等客流高峰时段；单层运转方式是指上层电梯关闭、下层电梯停靠所有楼层，适用于深夜等时段。

◎台北 101 大楼内的生活

台北 101 大楼是一座综合性大楼，业态众多，十分热闹。大楼底部的裙楼是综合购物中心，共 7 层，其中地上 6 层、地下 1 层，既有购物商场、生活商店、美食广场、健身中心，也有休闲娱乐区。

台北 101 大楼共两处观景台，分别位于 89 层和 91 层。89 层是室内观景台，为游客提供纪念证书、纪念商品、摄影服务等。91 层是室外观景台，放置了 7 台高倍望远镜。

参考资料

[1] 田永复. 中国古建筑知识手册（第二版）[M]. 北京：中国建筑工业出版社，2019.

[2] 李晓丹. 中西建筑文化交融研究——以京津冀地区教堂建筑为例[M]. 武汉：华中科技大学出版社，2019.

[3] 刘敦帧. 苏州古典园林[M]. 武汉：华中科技大学出版社，2019.

[4] 宿白. 中国石窟寺研究[M]. 北京：生活·读书·新知三联书店，2019.

[5] 西藏布达拉宫管理处，同波瓦·土登坚参. 雪域圣殿——布达拉宫[M]. 北京：中国旅游出版社，1996.

[6] 邹大挺. 沈阳市志1986—2005卷4[M]. 沈阳：沈阳出版社，2016.

[7] 张建. 老建筑（天津城市景观丛书）[M]. 天津：天津古籍出版社，2016.

[8] 张妙弟. 中国国家地理百科全书：四川、贵州、云南、西藏[M]. 北京：北京联合出版公司，2016.

[9] 韩小忙. 西夏研究丛书——西夏王陵[M]. 兰州：甘肃文化出版社，1995.

[10] 刘丹华，周国宝. 中国古建筑之旅——开平碉楼村落[M]. 南京：江苏科技出版社，2013.

[11] 武汉地方志编撰委员会. 武汉史志·文物志[M]. 武汉：武汉大学出版社，1990.

[12] 陈宁骏. 风雨沧桑——总统府[M]. 南京：南京出版社，2018.

[13] 陕西省临潼县志编纂委员会. 临潼县志[M]. 上海：上海人民出版社，1991.

[14] 文化部文物局. 中国名胜词典（第二版）[M]. 上海：上海辞书出版社，2012.

[15] 徐玲. 博物馆与传统庙宇建筑（1949—1966）[J]. 故宫博物院院刊，2018（6）.

[16] 清晖园概况[OL]. 清晖园博物馆官网：http://www.qinghuiyuan.com/index.php/mingyuangaikuang/2017/01-20/70.html.

[17] 少林简介：寺院简介[OL]. 少林寺官网：http://www.shaolin.org.cn/templates/T_new_3list/index.aspx?nodeid=38.

[18] 新华社. 英雄们永垂不朽　人民英雄纪念碑建成[N]. 人民日报，1958.04.23.

[19] 陈欢欢. 台北101：世界最高绿色建筑[N]. 中国科学报，2015.03.31.

本图书由北京出版集团有限责任公司依据与京版梅尔杜蒙（北京）文化传媒有限公司协议授权出版。

This book is published by Beijing Publishing Group Co. Ltd. (BPG) under the arrangement with BPG MAIRDUMONT Media Ltd. (BPG MD).

京版梅尔杜蒙（北京）文化传媒有限公司是由中方出版单位北京出版集团有限责任公司与德方出版单位梅尔杜蒙国际控股有限公司共同设立的中外合资公司。公司致力于成为最好的旅游内容提供者，在中国市场开展了图书出版、数字信息服务和线下服务三大业务。

BPG MD is a joint venture established by Chinese publisher BPG and German publisher MAIRDUMONT GmbH & Co. KG. The company aims to be the best travel content provider in China and creates book publications, digital information and offline services for the Chinese market.

北京出版集团有限责任公司是北京市属最大的综合性出版机构，前身为 1948 年成立的北平大众书店。经过数十年的发展，北京出版集团现已发展成为拥有多家专业出版社、杂志社和 10 余家子公司的大型国有文化企业。

Beijing Publishing Group Co. Ltd. is the largest municipal publishing house in Beijing, established in 1948, formerly known as Beijing Public Bookstore. After decades of development, BPG now owns a number of book and magazine publishing houses and holds more than 10 subsidiaries of state-owned cultural enterprises.

德国梅尔杜蒙国际控股有限公司成立于 1948 年，致力于旅游信息服务业。这一家族式出版企业始终坚持关注新世界及文化的发现和探索。作为欧洲旅游信息服务的市场领导者，梅尔杜蒙公司提供丰富的旅游指南、地图、旅游门户网站、App 应用程序以及其他相关旅游服务；拥有 Marco Polo、DUMONT、 Baedeker 等诸多市场领先的旅游信息品牌。

MAIRDUMONT GmbH & Co. KG was founded in 1948 in Germany with the passion for travelling. Discovering the world and exploring new countries and cultures has since been the focus of the still family owned publishing group. As the market leader in Europe for travel information it offers a large portfolio of travel guides, maps, travel and mobility portals, Apps as well as other touristic services. Its market leading travel information brands include Marco Polo, DUMONT, and Baedeker.

DUMONT **是德国科隆梅尔杜蒙国际控股有限公司所有的注册商标。**

DUMONT is the registered trademark of Mediengruppe DuMont Schauberg, Cologne, Germany.

杜蒙·阅途 **是京版梅尔杜蒙（北京）文化传媒有限公司所有的注册商标。**

杜蒙·阅途 is the registered trademark of BPG MAIRDUMONT Media Ltd. (Beijing).